斎藤一人

本質

今だから語りたい、
いちばん大事なこと

KADOKAWA

まえがき

はい、こんにちは。斎藤一人です。

一人さんはいつも、みんなから質問を受けると、
大事な本質だけをシンプルな短い言葉で答えます。
そして私の教えを好きだと言ってくれる人たちは、
そんなひと言のタネを
自分のなかで大きな学びに育ててくれるんです。

あなたも、そうかもしれないね。

ただ、一人さんのことを最近知ってくれた人たちには
ちょっと言葉が短すぎて理解が難しいこともある。

だから本を書くときは、
読んでくれる人がイメージを広げやすいように
いつもいろんな補足を添えています。

でも本来の私は、さっきも言ったように
そんなに長い話はしません。
それに一人さんの本心を言えば、
本当に大切な言葉だけを心に刻み込んでもらいたい
と思っているんだよね。

人というのは、千差万別でみんな違います。
なにが幸せか、どうやってその幸せを手にするか、
この世にいる全員違います。

人生に出てくる壁にしても、同じものは1つもない。

だから、私が一から十まで教えるのではなく、

自分で考える力

が必要だと思っています。

考える力を養うには反復練習しかありません。

ただし、同じように練習をしても、
正しい方向を見ながら考えるか
間違った道へ進みながら考えるかによって、
出てくる答えには天と地ほどの差が生まれます。

いくら考える力があっても、
あなたにとって正解とは言えない答えでは
どう転んでも幸せに辿り着けないの。
それって、本当にもったいない。

だから一人さんは、まず、

正しい軸（幸せの軸）をみんなに持ってもらえるよう

言葉を厳選して短くお伝えしているんだ。

本書は、そんな一人さんの考えを最大限活かし、

今まで受けてきた質問のなかから

「今だから語りたい、いちばん大事なこと」

「多くの人がつまずきやすい普遍的なテーマ」

に絞り、Q&A方式で進めていきます。

一人さんからの回答はどれも短いから
あっという間に読めてしまうと思います。
でもその1つひとつには
驚くほどたくさんの学びが隠れています。

何度も、何度も、繰り返し読んで
あなただけの考えを
深めてもらいたいと思います。

各章のおわりには、
おもに10～20代の若い人たちへの言葉を添えています。
これからの世界を担う若い人たちへ
どうしても伝えておきたいことがあって、
特別にページを設けました。

思春期のお子さんを持つ親御さんや、
仕事や趣味などの場で若い人と関わることがある方は、
ぜひ若者の立場になって読んでみてください。

もし身近になにか困っている若者がいたら、
この本を手渡してあげてもいいですよ。

それまで見えなかったこと、
目を向けようともしなかったことに意識が向いて、
きっと新しい世界が開けるよ。

斎藤一人

お知らせ

私はいつも、自分のことを「一人さん」と呼びますが、これは私が自分をなによりも大切に思っている心の表れであり、自分への愛です。もしそれを真似したい人がいれば、あなたも自分に「さん」をつけて呼んであげるといいですよ(笑)。

それから、この本には「神様」にまつわる記述が何度も出てきますが、特定の宗教とはいっさい関係ありません。神様というのは、みんなのなかにある愛とか、この世界をつくっているエネルギーとか、そういう「目には見えないけど、確かに存在する力」のことを指します。

もくじ

第2章 体と心をうまく操縦する秘訣

第3章 魅力的な自分との正しい向き合い方 87

第4章 人生に輝きを添える働き方

第5章 豊かになりたいと思えばお金は必ず入ってくる

第6章　あなたは幸せになるために生きている　153

ブックデザイン　小口翔平＋畑中茜＋村上佑佳（tobufune）
本文ＤＴＰ　ペトリコ
校正　東京出版サービスセンター
編集協力　古田尚子
編集　伊藤頌子（KADOKAWA）

序章

すべてうまくいく「基本の考え」があるんです

本題に入る前に、この本の大きなテーマとなる話があるので、あらかじめ念頭に入れておいてもらえるよう、ここでお伝えします。

これは性別や年齢、それから生まれた環境とか、今いる場所などに関係なく、全員に通じるお話です。

会社員でも商人でも、専業主婦でも、学生さんでも、人生うまくいきたいんだったら、今からお伝えする4つのことを覚えておいてください。

人間関係だろうが仕事だろうが、満足のいく結果を出すためのカギって、この4つしかないから。

それではお伝えしますね。

自分にも、人にも、親切にする

4つのなかでもいちばん大切なのが、親切であることです。と言うと、たいていの人は「人に親切にするんですね」って思うの。いや、もちろんそれも大事なんだよ。

ただね、それ以上に、**絶対に忘れちゃいけないのは、自分への親切なんです。**

まず、自分に優しくすること。自分に愛を出して、可愛がってあげなきゃいけません。自分にダメ出ししたり、暴言を投げつけたり、体を傷つけたり、そんなことはしない。甘やかすのはいくらやってもいいけど、自分を泣かすことだけは絶対ダメ。

そのうえで、人にも親切にする。これが正しい順番なんだよね。

どうしてまっ先に、自分に親切にするんですかって?

それはね、自分にできないことは、ほかの人にできるわけがないからです。自分の心が泣いていながら、人には愛で接してますとか、そんなのはありえません。

人に親切にするには、まず自分に親切にしてなきゃ無理なの。だって、自分が「こういうのが親切なんだな」「こんな声掛けをしてもらえたらうれしい」というのを知らなければ、人が喜ぶことをしてあげられないでしょ?

自分が愛を知らなきゃ、本物の愛を出すことができないんだよね。

自分を泣かしている人って、親切のつもりでやったことが、相手には迷惑になってしまうことがあるの。よかれと思ってしたのに、なぜか相手に嫌がらせだと受け止められてしまったり。

だからまず、あなた自身が「親切ってこういうことなんだ」と知ってください。

そしてそれには、自分で自分を可愛がったらいい。

誰かが親切にしてくれるのを待つのではなく、自分で自分に優しくしてあげるの。

これがいちばん手っ取り早いし、自分の喜びポイントは自分がいちばん知っているわけだから、かゆいところに手が届いて、あっという間に幸せで満たされるよ。

まずあなたから親切の波動を出しな

でね、ここからがさらに重要なポイントなんだけど。

なぜ「親切」が大事なのかって言うと、親切にしていると、あなたから親切の波動が出るの。

波動というのは、テレビやラジオの周波数みたいなものです。

たとえば、テレビを「1」のチャンネルに合わせると、そのチャンネルと同じ周波数を持つ番組が映ります。それと同じで、あなたの波動が親切色になると、それと似た波動を持つ相手が出てくるんだよ。

日本には、気の合う者同士や、同じような性質を持つものは、おのずと集まるという意味の「類は友を呼ぶ」ということわざがあります。

この「類友の法則」によって、あなたが親切な波動を出せば、親切な人が次々に寄ってくる。

もっと言っちゃうと、波動で引き寄せられるのは人に限った話ではありません。ものや現象といった万物に影響するのが波動であり、この世界を動かしているのは、いつだって波動です。

だから、あなたが愛でいっぱいの未来を望むなら、まず自分から愛の波動を出す必要がある。

つまり、自分に親切にして、人にも親切にすること。

これができてはじめて、「幸せのスタートライン」に立てるんだ。

感謝しない人とは絶対に付き合わない

人当たりのいい親切な人がいると、周りは、その人に頼みごとをしやすくなります。で、親切な人は、誰かに頼みごとをされたら快く笑顔で引き受けます。

やがて、親切な人の周りには、同じように親切な人が集まりだす。そうするとこちらからも頼みごとがしやすいから、お互いに持ちつ持たれつで、感謝し合えるいい関係ができ上がっていくんだよね。

楽しい、愛のキャッチボールがはじまります。

もちろん、できないことは断っていいんだよ。というか、断らなきゃいけない。

できないことを我慢してまで引き受けるのは、親切とは違います。そういうのは、自分自身に優しくないよな。自分を泣かせている。

あなたが簡単にできることなら「おやすい御用ですよ」って引き受けたらいいけど、そうじゃないんだとしたら、やんわりお断りすればいい。

「すみません、私では力不足です」「すごく忙しくて、ごめんなさい」って言えば、ふつうはスッと引き下がってくれるだろう。

それを、断ったことで逆ギレするとか、裏であなたの悪評を立てるとか、そんな失礼極まりないことをする人がいたら、即、離れなきゃダメなんです。

愛のない相手とは、絶対に付き合っちゃいけない。

これが、２つ目のカギです。

そういう人は腐ったみかんと同じで、そばに置いておくと、あなたの人生まで腐ってしまいます。だから、腐ったみかんがきたらすぐに離れること。

人間は、誰もが「魂」というのを持っています。

そしてその魂をこの世界で磨き上げるために、私たちは生まれてきました。

さっきの「親切にする」こともそうだし、「感謝のない人から離れる」こと、それからこのあとでお伝えすることもぜんぶ、魂の修行に含まれます。

この世界で幸せになるためには、絶えず魂を成長させ、少しでも神様のレベルに近づくことが欠かせません。

だからみんな、魂の修行を通じて自分を高めているんだよね。どんな人の魂も、1個でも上を目指そうとしている。

魂磨きに反することや、魂を下に落とすようなことはしちゃいけないし、それをやってると、どんどん幸せから遠ざかっちゃうんだ。

いい人なのに不幸なのはワケがある

もちろん、あなた自身にも感謝がなきゃいけません。

だけどさっき言ったように、あなただけが一方的に感謝していてもしょうがない。

ときどき、「感謝は自分がするもので、相手に期待するものじゃない」って言う人がいるんだけど、これはちょっと的外れなの。

言わんとすることはわかるけど、いくら自分が感謝したって、感謝のない人間をそばに置いてしまってると、それだけで苦労の連続なんです。

感謝のない図々しい人間が出てきたときには、それが親だろうがきょうだいだろうが、とにかく遠ざけること。親戚だからって情にほだされると、魂が疲弊してとんでもない不運を引っ張ってきちゃうんだよ。

だから、そういう場面では「これが魂の修行なんだ」と思って、感謝のない相手からは一刻も早く離れな。

世の中には、「いい人なのに、どうしてうまくいかないの?」って不思議に思うケースがあるんです。誰にでも優しくて素晴らしい人なのに、なぜか悪いことばかり起きる、みたいな。

こういう人をよく観察してみると、すぐに理由がわかるんです。たいがい、周りに嫌なのがくっついているの。

感謝のできないへんてこりんなやつが、その人の波動を下げちゃってるんだね。

人間関係っていうのは、お互いに親切で頼みごとをしやすく、なおかつ、そこに感謝が乗っかっているのが正解です。

自分も感謝とともに生きなきゃいけないし、自分の周りに置くのも、感謝のある人だけに厳選する。

これが大事な肝なんだ。

人脈を広げる努力はいらないよ

お互いに親切にして、感謝し合う。

そんな協力的な関係がないと、なにかあっても、自分1人の力だけでどうにかしなきゃいけなくなります。

でも、どれだけ能力のある人だって、1人の力じゃ大したことはできません。

一人さんにしても、これほど成功できたのは、私が優秀な人間だからじゃない。周りで支えてくれている人たち、応援してくれる人たちがいてくれるおかげです。

成功する人、しかもただの成功ではなく「幸せな成功者」となる人は、まず人間関係が充実しているものです。

自分も周りもみんな親切で、あったかくてやさしい。

お互いに愛を出し合い、協力しながらどんどん上へ昇っていく。実際、一人さんの周りに集まってきてくれた人はみんなそうなんです。

だから、こちらからも頼みごとをしやすいし、その反対に、一人さんもよく頼まれごとをされます。

それでもって、みんな感謝を忘れないんだよね。

よく人間関係について、人脈は広い方がいいとかって言われるけど、私はそうは思わないの。知り合いは、大勢いる必要はないんだよね。

人脈を広げるよりも、少ない人間関係のなかで「親切にする」「感謝のない相手とは付き合わない」というのを徹底してやってると、**あなたの周りにいる人が全員、愛のある人になります。**

それがたった数人でも、数人ぶんの親切と感謝の波動が出るようになります。はじめはあなた1人の波動だけだったのが、数人ぶんに大きくなった。

そうすると、今度はもっとたくさんの、愛のある人が集まってきます。放っておいても、最高の人脈が雪だるま式に増えていくよ。

小さな親切にこそ意味があるんだ

そして3つ目のカギですが、自分が誰かに頼みごとをするときも、人に親切にしてあげるときも、小さなことでいいんです。

お金を貸してほしいとか、ひたすら愚痴を聞いてもらいたいとか、そんな大きな頼み事とか親切じゃないの。あくまでも、ささやかでさりげない親切です。

大きな親切をしようと思うと、自分に無理をさせなきゃいけなくなるでしょ？　その反対に、あなたが大きな頼みごとをすれば、相手だって困っちゃうよな。

自分や相手が困ることを要求するのは、当たり前だけど愛がない。

それで、いい波動なんて出るはずがありません。

いくら相手が優しいからって、大きなお願いはしないこと。

それから、あなたが頼みごとをされたときも、荷が重い場合は聞き入れなくていい。断るのが気まずいとしても、そこで折れちゃダメなんです。

断ったことで相手がふて腐れたり、怒ったりするようなら、それは感謝のない厚かましいやつだから、近くに置いてちゃいけないんだよね。わかるかい？

そもそも、愛のある人はあなたが負担に感じるような頼みごとはしてこないものだし、たとえそういうことがあったとしても、あなたが断ったぐらいでへそを曲げたりしないものですよ。

理想的な人間関係とは、小さな頼みごとを、お互いが気楽にお願いし合える間柄であること。

このことを忘れちゃいけないんだ。

人生を一度きりだと思うからつらくなる

最後に、４つ目のカギです。

これは一人さんがずっと言い続けてきたことだけど、私は、「人は何度でも生まれ変わる」と思っているんです。

１０００回でも、１万回でも、それこそ永遠に生まれ変わりが止まることはないと信じているの。

なぜ、人は生まれ変わるんですか？

それは、まさに「魂の修行」のためです。

私たちがこの世に生まれてくるのは、魂の向上がいちばんの目的です。魂を成長させ、少しでも神に近づけるように、人はこの世に生まれます。

でも、一度の人生だけでは、とてもじゃないけど学びきれないんだよ。たった一度の人生では経験が足りず、学びを深めることができません。

だから、何度でも生まれ変わるの。生まれ変わるたびに違う人生を歩み、さまざまな環境に身を置くことで、そこでしか得られない学びを深めていく。

そうやって、私たちは神に近づきます。

なのに、多くの人は「人生は一度きり」「死んだら終わり」と決めてかかる。それでは、苦しくなるのは当たり前なの。

もちろん、今ここに生きている「あなた」という人間は唯一無二の存在だし、今世が終わってしまえば、二度と今のあなたに戻ることはできません。

そういう意味では、たった一度の人生と言うことはできるけど、間違えないでもらいたいのは、あなたのなかにある魂はずっと生き続けるんだよ。

そして**魂に刻まれた学びは、肉体が死を迎えても消えることはありません。**

来世生まれ変わったときには、今世の続きから学びます。決して、一度きりの人生じゃない。

それに、今あなたの周りにいる大切な人は、あなたとはソウルメイト（魂の仲間）です。ソウルメイトとは同じグループに属していて、何回生まれ変わろうが、ずっと同じグループのなかで学びを深め合う関係なんだよね。

だから愛する人が亡くなったとしても、その人があなたのソウルメイトである以上、必ずあの世で再会します。そして来世もまた、ともに生きることができる。

絶望する必要はないし、**ほんの短い別れだと思って、笑顔で見送ってあげたらいいんだ。**

＊＊＊

駆け足ですが、４つのカギについてお伝えしました。

このことを頭に入れつつ、この先の一問一答を読み進めてもらうと、短い答えのなかにも、一人さんの言いたいことや、あなたに必要な学びが見いだしやすくなると思います。

第1章

幸、不幸を決める人間関係

愛のある人に好かれるだけでじゅうぶん

Q

人に好かれ、助けてもらえる自分になる方法はありますか？
また、人から悪口を言われたり、嫉妬《しっと》されたりせず、どんな相手にも話を聞いてもらえるようになるにはどうしたらいいでしょうか？

人に親切にしはじめたら、必ず、あなたと同じ「親切の波動」を持った人が集まってきます。

あなたが親切にすれば、当たり前に親切な人が残る。

ただ、残念ながら「どんな相手にも」っていうのは無理です。そこは、はじめから期待しない方がいいね。

愛のある人にだけ、好意を持ってもらえたらじゅうぶんなんだ。

運命の人に出会ったときはピンとくる

Q
運命の人とは、一生の間に何人ぐらい出会えるものですか？
また、運命の相手に出会ったとき、
「この人だ！」とわかるヒントはありますか？

あなたの波動で集まってきた人は、みんな運命の人です。

一生のうち、何人でもいい人に会えますよ。

それと、運命の人に出会えば、あなたの魂が気づきます。なんとなくわかる。

で、もしピンとこないんだとしたら、そういう勘を磨くことが、今世のあなたの修行かもしれないね。

何度も生まれ変わりながら修行を重ねるうちに、きっとわかるようになるよ。

家族にも親切と感謝を忘れないことだよ

Q 子どもやパートナーを、心から信じられるようになる方法を教えてください。

家族だからって、ヘンな甘えでわがままばかり言うのはよくないね。いちばん近くで支えてくれる家族こそ、むしろ自分にするのと同じぐらい大切にしなきゃいけません。それがない限り、信用もなにもないんです。

お互いに親切にして、感謝の心を忘れないようにしな。家のなかでは、外にいるとき以上に笑顔で、愛のある言葉をしゃべってごらん。

これを基準にしていれば、勝手に信じられるようになりますよ。

そう言ってる私自身、ほとんどできてないけどね（笑）。

親しき仲にも
礼儀ありっていうよね。
家でこそ笑顔で
愛のある言葉を
しゃべってごらん。

悪いやつからは一刻も早く離れな

Q
子どもが学校でいじめられているようで、心配しています。本人に聞くと詳細は語らず、「絶対に口を出すな」と言うばかりですが、こんなとき親はどうしたらいいですか？

まずは、お子さんの言う通りにしてあげたらいいと思います。だけど、ちょっとでもSOSのサインを感じたときは、全力で子どもを守ってあげるんだよ。心身への暴力や、金品の要求なんかがあれば、生ぬるい対処をしている場合じゃない。それはもう犯罪だから、警察に相談してください。そこまではいかなくても、子どもが泣いているなら、転校でもなんでもさせること。

いじめるやつからは、今すぐに離れなきゃダメだよ。

それも今世の試練かもしれないね

Q

就職活動中の子どもが、自分の進みたい業界でまったくご縁がいただけず泣いています。親は、このまま見守るだけでいいのでしょうか？


子どもの苦しむ姿を見るのは、親としてつらいことだと思います。

でもね、それもまた人生の修行なんだ。

人は何度も生まれ変わりながら、そのなかでいろんな人生を経験します。

お子さんは今世、そういう試練を乗り越えるようになっているのかもしれないけど、心配ありません。

自分に乗り越えられない試練は起きないものだから、今は信じて見守ってあげたらいいと思います。

もっと気楽に生きていいんだよ

Q

夫婦の会話もなく、関係が破綻しているのに、子どものために離婚を踏みとどまっています。このつらい毎日をどう過ごせばいいでしょうか？


子どものために離婚できないって言うけど、そんなに我慢している両親の姿を見て、お子さんは本当に幸せだろうか？　一人さん的に言えば、親の苦しむ姿を見せるより、さっさと別れて笑顔を見せた方がよっぽどいいと思うけどなぁ。

でも、あなたの人生はあなたのものだからね。

自分の思う通り、好きなように生きたらいいと思います。

ただ、何千回、何万回と生まれ変わるなかの1つなんだから、もうちょっと気楽に考えてもいいんじゃないかな。

世の中には感謝のない人が一定数いる

Q 親との関係が悪く距離を置きたいのですが、向こうから頻繁に連絡してきます。こういう場合、どう対応するのがベストでしょうか?

世の中には、あなたがいくら親切にしても、親切で返せない人がいます。相手の親切に感謝できない人って、残念ながら一定数いるの。

そしてそれが親きょうだいだったり、親族だったりすることもある。

でもね、相手が誰だろうが、感謝のない人間とは付き合っちゃいけません。

それが今世のあなたの修行だから、世間体を気にしたり、相手の泣き落としにほだされたりしちゃダメなんだ。

今はまだ魂が成長していないだけ

Q

宗教活動に熱心な身内がおり、このままだと全財産を差し出してしまわないか心配でなりません……。

まず、あなたは愛を持ってアドバイスをしましょう。それでも聞かないのなら、その人にとっては、お金よりも宗教が大切なのかもしれないね。

今はまだ魂がそこまで成長していないだけだから、この経験を通じて学ぶと思います。

いずれお金に困って、はじめてお金のありがたみがわかるんじゃないかな。

あなたはお金を差し出したりせず、愛を持って見守っていたらいいよ。

身近な人のことが
心配になったとしても、
その人の魂が成長していくのを
愛を持って見守っていれば
それだけで大丈夫。

試行錯誤するうちにアイデアが出る

Q

年老いた親が、生きがいをなくしています。家族として、なにかしてあげられることはあるでしょうか？


こういうのって、人それぞれ興味や好みが違うから、まずはあなたが思いつくことをいろいろ提案してみたらいいと思いますよ。

一緒に出かけてみるとか、庭いじりをすすめてみるとかさ。

はじめはうまくいかないかもしれないけど、試行錯誤するうちに、いいアイデアが出てくるんじゃないかな。

こういうのも経験、修行だと思って、楽しく取り組んだらいいですよ。

ゲーム感覚で楽しく変われるのがいいね

Q

子どもの態度が悪く、注意をしてもなかなか子どもの耳に届かないようです。大人に対しても偉そうな言動が多く、悩んでいます。

どのぐらい悪いかわからないけど、それほどひどくないなら、少し様子を見ていていいと思います。そのうちに、子ども自身が気づいて学ぶときがくるよ。

様子を見るにはちょっとひどいなら、どうすればお子さんの耳に届くか、親であるあなたが工夫するしかない。

子どもがゲームみたく喜んで態度を改めるような、楽しい方法を考えてみな。説明の仕方を変えてみたらいいよ。

同じパターンだけで「効果がない」と愚痴を言っててもはじまらないからね。

あなたは
あなたらしく笑ってな

Q

ご近所の人とウマが合わず、道ですれ違っても目も合わせてくれません。かといって無視することもできず……。私は今後、どうすべきでしょうか？

ズバリ、そんな相手とは付き合ってはいけません。ちょっとした頼みごとも聞いてくれないような不親切な人、感謝のない愛に欠けた人とは、離れるべきなの。

こういう相手と仲よくしようとするから、話がややこしくなるんです。そんな人のことは気にせず、あなたはあなたらしく笑ってな。

人にわかってもらおうとしない

Q

シングルで子どもたちを育て上げ、ようやくみんな成人しました。ひと息ついて新しいパートナーをつくったところ、子どもたちから「財産目当てだ」と猛反対され、頭を抱えています……。

子どもたちに、あなたの幸せを理解してもらおうと思うからつらいの。そういう考えは、今ここで捨てちゃいな（笑）。

あなたは、立派にお子さんたちを育て上げたんだよね。それなのに、この期に及んで親の幸せに反対してくる子どもたちの方に問題があるんです。

あなたは、自分の幸せを最優先に考えな。そうすれば、子どもたちも親の人生にお節介を焼くのをやめて、自分自身の幸せを考えだすからね。

それでもなお口を出してくるなら、親子といえども付き合わなければいいんだ。

愛の波動を出せばどう転んでも幸せ

Q

素敵な相手に巡り合いたいのに、出会いがなく悩んでいます。いい人に出会うためのコツを伝授してください。

まず、笑顔で愛のある言葉をしゃべりな。それから、人に親切にする。なにかしてもらったら感謝する。これだけできたら、もうじゅうぶんです。だって、あなたからは愛の波動しか出なくなるから。あとはもう、出会う人、出会う人、みんないい人。そのなかから自分好みの相手を選べばいいだけ（笑）。

それでもいい人に巡り合わない場合は、実は、その方があなたは幸せになるってことかもしれません。

いずれにせよ、愛の波動を出していれば、どう転んだって幸せになるよ。

10年後には忘却の彼方です

Q

昔の恋人が忘れられません。
頭では「過去に縛られていても仕方がない」とわかっているのに、
心がついていかずつらいです……。

人は、1000回でも1万回でも生まれ変わります。

あなたは今つらいと思うけど、今世がたまたまそういう人生だってだけで、来世や再来世も同じように苦しむわけじゃありません。

と思って、あまり思いつめないことだよ。

それに、10年後にはもう過去の相手なんか忘却の彼方だろう。いや、1年後ですら怪しい（笑）。新しい相手が現れた途端に、「あれはなんだったんだ？」ってぐらい心変わりすると思いますよ。

まだ若い君たちへ
一人さんが今、贈りたいメッセージ

人付き合いで大切なことを教えますからね

クラスメイトとは仲よくしなきゃいけない。
学校で友達をつくらなきゃいけない。
それは大人が勝手につくりあげた、間違った常識です。
そんなものに惑わされたり、我慢したりしちゃいけないよ。
君は、なによりもまず自分自身を大事にしてください。

君はそのままで完璧なんだ

Q

なかなか友達ができず、孤独がつらくて悩んでいます。この状況の乗り越え方を教えてください。


もし今、君が「友達ができないのは自分に問題がある」「自分が悪い」なんて考えているんだとしたら、それは完全に間違っています。

君はそのままで完璧だし、とても魅力的なの。

じゃあ、どうして友達ができないの?

そう思うのなら、まず自分をとことん可愛がってみな。それから、友達にもちょっと親切にしてみるといい。感謝も忘れないでさ。

たったそれだけで、きっと自然に解決すると思いますよ。

我慢をやめたら自分の場所が見つかるよ

Q

いじめのターゲットにされ、どうしたらいいかわかりません。

たとえ君が全人類からいじめられたとしても、一人さんだけは絶対に君の味方だし、守ってあげるよ。いつだって君を愛している。

だから、自分はひとりぼっちだなんて思わないでほしい。

それとね、いじめるようなやつがいるところへは行かなくていいんだ。学校だろうがどこだろうが、今すぐ行くのをやめな。

その我慢をやめたら、君にふさわしい、あったかい場所が必ず見つかるよ。

人付き合いにも
いろんな形がある

Q

恋をしてみたいのですが、
人と深く付き合うことが苦手で積極的になれません。
こんな私が恋人をつくるために必要なことはなんでしょうか?

君に不足しているものなんてないよ。自分になにかを付け足そうとか、無理に努力しようとか、そんなことは考えなくていいんだ。

人付き合いには、いろんな形があります。深い付き合いをするのが正解とか、浅い付き合いはダメだとか、そんなのはないんだよね。

浅く広く付き合うのが向いてる人は、それでまったく問題ないし、そうすることでうまくいくようになっています。

だから心配ない。君はそのままでいれば、素敵な恋ができますよ。

友達の決断を応援してあげな

Q

友達から、お金のことや望まない妊娠などの重い相談を受けました。苦しんでいる友達に、どんな言葉をかけてあげたらいいですか？

自分の手にあまるほどの悩みは、相談に乗りようがないんです。解決できないことに、「こうした方がいい」「ああしな」なんて軽はずみなことを言っちゃダメなの。

君にできるのは、その友達の心を少しでも温められるような笑顔とか、愛のある言葉とか、ちょっとした気遣いとか、そういうことだけです。

友達はきっと、君が話を聞いてあげるだけでも癒されると思うよ。

あとは、友達の決めたことがあれば、その決断を応援してあげるといいね。

悪い波動に引っ張られないことだね

Q

担任の先生とどうしてもソリが合わず、学校が楽しくありません。この状況を改善するよい方法があれば教えてください。

ソリの合わない相手とは、付き合わなきゃいいんです。とにかく、悪い波動に引っ張られないこと。それが担任の先生だろうが誰だろうが、基本は同じ。

感じの悪い先生なんだったら、君の方も感じ悪くしてやりな（笑）。我慢して先生に合わせる必要はないし、なんとかしようと気をもんだりしなくていいよ。

で、実はそうやって腹をくくってみると、なぜか先生とうまくいくようになるってこともよくある話なの。

そうすれば、自然といいところに着地するものですよ。

ガチガチの正論を聞くのは疲れるんです

Q

大人の言うことは、本当に聞かなきゃいけないんですか？


親や先生のお説教が人気ないのって、面白くないからです（笑）。そういう、聞いててつまらない話は、いちいちぜんぶ聞く必要はありません。

もちろん、君が楽しくなる話だったらいくらでも耳を貸せばいいけどね。

人の話って、ガチガチの正論ばかりだと聞く方は萎《な》えちゃうの。重すぎて疲れる。だから一人さんは、真面目な話ほど笑いを入れるんです。楽しければ、人は自然と話を聞きたがるものだから。話を聞いてもらいたければ、楽しくなる工夫をして話さなきゃいけない。聞く人に我慢させるなんて、言語道断なんだ。

第2章

体と心をうまく操縦する秘訣

腸を制すれば人生を制する

Q

中年太りがひどく、ダイエットをしてもなかなかうまくいきません。ダイエットに成功しやすくなる方法はありますか？

体の臓器のなかでも、免疫力と深い関係にあると言われているのが「腸」です。腸は健康の司令塔みたいなものだから、腸が元気なら、美も健康も手に入りやすくなるし、ダイエットにも成功できる。つまり、「腸を制すれば人生を制する」と言っても過言ではありません。これは医学的にも広く認められていることだし、「腸活」は誰でも簡単にできます。

紙幅の関係で具体的なアドバイスをするのは難しいですが、インターネットで「やせる腸活」を調べたら、有益な情報がすぐに得られると思いますよ。

ほんのちょっとの明るさでもいい

Q

進行ガンを宣告され、息をするのも苦しいほどつらいです。こんな体でわずかな時間を生きて、なにかいいことがあるでしょうか？

一人さんも、今こうして生きているけど、過去には、病気で何度も「もう危ない」と宣告されました。だから今のあなたの苦しさ、よくわかります。

今はどんな言葉をもってしても前向きになれないかもしれないけど、それでもいいから、ほんのちょっと明るい心を意識してみてほしい。病気でも、心は明るくいられるの。

世の中には、なぜか重い病気が治っちゃう人がいるんです。自分は、そのグループにいるんだと思ってごらん。それだけで、気持ちって楽になるものだよ。

うまくいった人の話を聞くんだよ

Q

家族が重い病気になり、本人以上にパニックになっています。こういう非常時に、心を落ち着かせる方法があれば教えてください。

残念ながら、一発で冷静になれるアドバイスはありません。でもね、治った人の例をじゃんじゃん見ると、心が勝手に希望を持ちはじめるということはある。だから、治らない人や治せない医者に相談するのではなく、うまくいった人、解決できた人の話を聞くといいよ。インターネットでちょっと調べたら、治った人の例は簡単に見つかると思うので、そこにあるアドバイスを参考にしたり、心の持ち方を真似したり、そっちに意識を向けるといいね。

これが、心を落ち着かせられるいちばんの特効薬だと思います。

魅力的な人を探して参考にしな

Q

更年期に入り、まるで女性（男性）を卒業するみたいに感じられてつらいです。気持ちが軽くなるアドバイスをいただけないでしょうか。

女性（男性）を卒業するみたいに感じるって、たぶん、その年齢でも魅力的な人がいるってことを知らないんだと思います。

これもさっきの話に通じるんだけど、世の中には、更年期の症状を克服した人とか、更年期に負けず人生を楽しんでる人って必ずいるから、そういう人に目を向けたらいいよ。

それをしないで、周りのうまくいってない人の話ばかりを聞いてるから、余計に滅入るんだ。

恋をすればたちまち気力が湧く

Q

年齢とともに疲れやすくなり、以前のように遊びを楽しめず落ち込んでいます。どうすれば、また気力が湧くでしょうか？

一人さんに言わせると、彼女（彼氏）でもつくってみたらいいよ（笑）。

ゴルフだのショッピングだのって楽しんでるつもりでも、まだまだ足りてないんだよ。いちばん楽しいのは、恋なんだ。

ちょっと買い物に行くふりをしてデートでもすれば、気力なんてたちまち出てくるんじゃないかな（笑）。

こうして一人さんに聞くだけでも楽しい意見が出るわけだから、人生を謳歌してる人にかたっぱしから聞けば、きっとあなたにピッタリの答えが出てくるよ。

生きていて、
いちばん楽しいのは恋なんだ。
ちょっと買い物に
行くふりをして
デートでもしてくると
いいんじゃないかな(笑)。

楽しい「散歩チュー」のススメ

Q
簡単でお金がかからず、やれば効果が期待できる健康法はありますか？

散歩をしたらいいですよ。景色を見るのは楽しいし、運動にもなる。散歩って最高の趣味なの。近所の公園に行くだけでもリフレッシュするから、やってみな。あと、「散歩チュー」もおススメです。
散歩チューとはなんですかって、一人さんがつくった言葉なんだけど、散歩しながら楽しそうな一杯飲み屋を探して入ることを言います（笑）。散歩して、チューハイをひっかける。という意味です。そこで新しい友達をつくって、千鳥足で帰る（笑）。こんなに楽しいことはないよ。

「申し訳ない」より笑顔で感謝

Q

なかなか治らない病気を患い、家族に迷惑ばかりで申し訳なく思います。こんな私でも、なにか家族のためにできることがあるでしょうか？

気持ちはわかるけど、家族だって苦しいよね。それなのにあなたが暗い顔ばかりしていると、家族はますますつらくなっちゃうんです。

申し訳ないと心苦しく思うより、「いつもありがとう」って、笑顔で感謝の気持ちを伝えな。それが家族にとっての、いちばんうれしいことだよ。

それと、あなたが病気になったことで家族にも学びがあるの。家族にとっては、それが今世の修行なんだ。

髪が薄くなるのはそれが似合う年頃だから

Q

薄毛が進行し、深刻に悩んでいます。しかし、急にウイッグを使うのも人目が気になり、心は沈むばかりです……。


今の子どもは魂が進んでるなぁ、と思った話があるんです。

ある子どもが、髪の薄い人に言ったの。

「髪が薄くなっちゃうのは、それが似合う年頃だからだよ」

目からウロコでしょ？

本当にその通りだと思うし、なにより、この子にはすごく愛がある。

こういう、魂の進んだ子の弟子になったらいいよ。たちまち心に陽がさして、気持ちが楽になると思います。

暗い波動が病気のリスクを高めるんだ

Q

禁煙したいのに、なにをやってもタバコがやめられません。禁煙に成功できるよい方法はないでしょうか？


あなたは健康を考えて禁煙したいんだろうけど、実は、タバコを吸う以上に病気のリスクが高いのは、悩んでばかりの人だって説もあるんです。

喫煙だの飲酒だの体に悪そうなことばかりしていても、なぜか健康な人がいるだろう？　そういう人は、スカッと生きているんだろうね。よく「いつも笑ってる人は元気だ」と言われるけど、波動がいいと、病気に負けないんだよ。

タバコがやめられないのなら、いっそ「俺は喫煙しても病気にならないぞ！」って明るく決めたらいいんじゃないかな。

がんばってる体に感謝してごらん

Q

今は元気なのに、いつか自分も病気やケガに苦しむのではという恐怖に支配されています。どうすれば、この恐怖心を克服できますか？

自分の体に感謝するといいね。どこかに不調がある場合は、その部分に優しく手を当てながら「いつもありがとう」って。

あなたの体は、なにも言いません。黙って、ひたすら動き続けてくれているんだよね。そのことに目を向けず酷使してばかりじゃ、体だって反発したくなるの。

でね、不思議な話だけど、世の中には、体にお礼を言ううちに病気が治った人もいて。これも1つの成功例だから、あなたもやってみたらいいですよ。

やってるうちに、恐怖心も軽くなるんじゃないかな。

不調がある部分に
優しく手を当てながら、
「いつもありがとう」って
言ってみてね。

納得できる方法に出合うまで調べるんだ

Q

私は遊びが大好きですが、年を取って疲れが取れにくくなり、以前のような元気がなくなりました。スカッとして気力が湧く方法があれば教えてください。

これもね、同じような悩みを持った人は世の中にはたくさんいると思うし、うまく乗り越えている人もいます。それを調べてみたらいいよ。

ひざが痛ければ、「これで痛みが軽減しました」「こうやってサポートすれば歩けます」みたいなヒントをかたっぱしから探すの。

そのとき、ちょろっと調べただけでぜんぶ知った気になってるとダメなんです。

１００人でも１０００人でも、自分に合う方法、納得できるやり方をしている人に出会うまで調べ続ける。それが大事だよ。

手の焼ける子を求めていないかい？

Q

子どもが心の病気で、ニートの状態。働きもせずに小遣いばかり要求してきます。病気とはいえ、体が元気なら、なんとか自立してほしいです。

親御さんは自分ではわかっていないかもしれないけど、もしかしたら、そういう子だから可愛いと思ってるところがあるんじゃないかな。いつまでも手の焼ける可愛い子どもでいてほしい。そんな波動を出してないだろうか？　だとしたら、子どもはその波動に合わせてくれているんだよね。

子どもに自立してほしければ、いちいち世話をせず、あなたは外に遊びに出ちゃいな。親が監視しなくなれば、子どもは部屋から出てくるから。

子どもを信じて、あなたは自分の波動を上げることを考えてください。

大げさに考えるからモヤモヤする

Q

なぜかいつも心のなかがモヤモヤしてスッキリしません。

いったい、私のなにが問題なのでしょうか？


魂がもうちょっと成長すればいいんです。心に霧がかかったような状態になるのは、いちいち大げさに考えたり、深刻になったりするからなの。

とにかく笑って、明るい気持ちを持ってごらん。

自分にも人にも親切にする。

感謝のない人とは距離を置く。

これを意識すれば、モヤモヤは次第に消えてくると思いますよ。

老眼鏡でオシャレを楽しめばいい

Q

老眼とうまく付き合う方法や、老眼を改善する方法があれば教えてください。

老眼は治らないので、うまく付き合っていくしかありません。見えづらくて困るのなら、老眼鏡に助けてもらえばいいと思います。それを、老眼鏡をかけるのがめんどくさいって思うから、老眼に振り回されてる気がしちゃうんだよね。なんでも楽しまなきゃしょうがないの。メガネってさ、視力がよくてもオシャレで伊達メガネをかける人もいます。そういう感覚を持てばいいんだよ。最近はオシャレな老眼鏡もたくさんあるから、いっそ老眼を味方につけて、ファッションを楽しめばいいよね。

まだ若い君たちへ
一人さんが今、贈りたいメッセージ

心身の不調には隠された意味があるんです

体の不調や不慮の事故って、自分ではどうにもならない定めです。

自分はなにかの罰を受けているんじゃないか。そんな思いに支配され、神様を恨みたくなる日もあるかもしれないね。でも、病気やケガは君の責任じゃない。もちろん、罰を受けているわけでもありません。

そのことだけは、わかっていてもらいたいんです。

魂は絶対に成長すると決まっている

Q

物心ついたときから、病気で入退院を繰り返しています。憂鬱な心に元気がもらえるメッセージをいただけませんか？

人はみな、繰り返し生まれ変わります。そのなかでいろんな体験を積み上げながら、魂を成長させているんだよね。

つまり君は、この世界での体験を通じて、幸せになり続けるようになっている。病気もそうだけど、どんな体験でも、それをしたことで未来が悪くなるはずはありません。魂は、絶対に成長するものだから。

そんな背景を理解しつつ、君と同じような体験をして乗り越えた人を探してみな。きっと、心が軽くなると思いますよ。

若いうちは少しぐらい不摂生でも大丈夫

Q

大人たちは、なぜ「健康に気を配りなさい」と口うるさく言うのですか？

君はまだ若くて健康なのに、周りから「野菜を食べろ」「規則正しい生活をしろ」ってやかましく言われたら、そりゃあ嫌になっちゃうよな（笑）。

それに、大人もわかっていると思うけど、若いうちに少しぐらい不摂生をしても、多くの人は元気に生きています。そんなに心配しなくていいんだ。

大人は、君に健やかに育ってほしくて口うるさくなっているだけです。それをいちいちまともに聞く必要はないけど、相手の親切の気持ちだけは、愛を持って受け止められると素晴らしいね。

本当に必要なことは自力で学べるものだよ

Q

学校では、性について教えてくれず、望まない妊娠や性暴力、性病に悩む友達がたくさんいます。大人はなぜ、性について真剣に教えてくれないのですか？

一人さんの話をすると、性の知識はぜんぶ自分で学びましたよ。学校の勉強は嫌いでも、そういうことは熱心に勉強したんです（笑）。

もちろん、学校で正しい知識を教えるのもいいだろう。でも根源的な話をすれば、本当に必要なことは、誰に教わらなくても自力でちゃんと学ぶものです。

というか自分を大事にしていたら、そもそも問題が起きるはずがないよね。

知識を詰め込むことよりもっと大事なのは、自分を可愛がり、笑顔で生きることなんだ。

いつかあの世で再会できるからね

Q

大切な友達が重い病気になってしまいました。たぶん、もう死んでしまうのだと思います。友達を失うことが怖くて、どうしたらいいかわかりません。

今の君の気持ちを思うと、一人さんもそっと寄り添うことしかできません。ただ、今は心に響かなくてもいいので、伝えたいことがあります。

人の魂は、永遠に生まれ変わります。無数の人生を生きられる。今世はそのうちの1つであり、友達の人生がこれっきりになるわけではありません。

肉体の限界がきて亡くなっても、別の体をもらってまたこの世界に生まれてくるし、君がいつかあの世に帰れば、「おぅ、元気だったか!」って再会できる。

だからその日を楽しみに、君は、君自身の人生を大切に生きてください。

天国言葉で波動を上げてみな

Q

いくら気をつけてもニキビが増え、自分の顔に自信が持てません。なんとか、きれいな顔になる方法はないでしょうか？

医学的な治療法は医師に相談してもらうとして、一人さんからのアドバイスとしては、「天国言葉（聞くとうれしくなる明るい言葉）」をたくさん使うことです。

言葉には「言霊《ことだま》」と言われる大きな力があって、口に出すと、その言葉の意味と同じ波動になります。

天国言葉で明るい波動になると、親身になってくれる医師に出会えたり、自分によく効く薬が見つかったりして、ニキビも治りやすくなると思いますよ。

真面目の殻を脱いで「ふとどき不埒《ふらち》」だよ

Q

自分ではよくわかりませんが、周りの大人から「あなたは心の病気だね」と言われました。そう言われても、どうしたらいいかわかりません……。

君はきっと、真面目で誠実なタイプなんだろうね。もちろん、真面目で誠実って人から信頼されるし、素晴らしいことだよ。ただ、それだけだと息が詰まるの。心の病気の最大の原因は、ものごとを深く考えすぎることです。だから難しいことは置いといて、まず笑顔になることを意識してごらん。真面目の殻を脱いで、もっとバカバカしいことも楽しみな。それで心の病気は吹き飛ぶよ。

一人さんを見てみな。「ふとどき不埒」を信条に、人の目なんか気にせず好きなように生きているんです（笑）。こんなに最高の人生はないよ。

第3章

魅力的な自分との正しい向き合い方

最高の取り柄《え》を教えましょう

Q

自分にはなんの取り柄もないような気がして悲しいです……。


あなたには、あなたにしかない魅力があるんです。あなただけの強みがある。

今は、まだそれが見つかっていないだけなんだよ。ダイヤモンドの原石みたいなもので、磨けばピカピカに光りだすの。

じゃあどうやって魅力を磨くんですかっていうと、まず自分を大切にして、人に親切にしてごらん。そして、感謝のない人間とは付き合わない。

これを徹底的にやれば、そもそもそれが最高の取り柄になるし、ほかの魅力だって勝手に磨き上げられていくよ。

人間の脳は実にうまくできているんだ

Q

私は、ちょっとしたことでイライラします。イライラを抑える、よい方法があれば教えてください。


きっと、鬱憤がたまって心にゆとりがないんだと思います。

我慢ばかりで、つまらない人生だと感じているんじゃないかな？

あのね、人生もっと楽しく生きなきゃダメなの。お酒を飲みに行ってもいいし、彼女（彼氏）と散歩するのだって楽しいよ。

それでまず、笑顔になりな。

人間の脳ってね、実にうまくできているんです。笑顔でいると、脳が勝手に楽しいことを見つけに行くから、人生が充実してイライラもなくなりますよ。

欠点を磨き上げたら唯一無二の魅力になる

Q

欠点をなくす簡単な方法はありますか？

欠点というと悪いイメージがあるけど、実はいちばんの長所だったりするの。最高の魅力なのに、受け止め方が間違っているせいで欠点に見えてるだけなんだ。

たとえば一人さんは、いわゆる世間の常識ではよしとされない「勉強嫌い」「中卒」の二拍子揃っているけど（笑）、私にしてみたらこれは最高の武器だよ。

勉強嫌いも中卒も、成功とはまったく関係ないことを身をもって証明できたし、その生きざまに「勇気が出た」と言ってくれる人も大勢いる。

欠点を毛嫌いせず、宝物だと思って磨いてみな。唯一無二の魅力になるよ。

欠点って
あなたの受け止め方次第で、
最高の宝物になるんだよ。

人に喜ばれたら悪癖に依存しなくなる

Q

よくないとわかっているのに、悪い癖が抜けません（ギャンブルなどです）。どうすれば、このダメなことから解放されますか？

あなたは、いつも自分のことを否定していないかい？　そうやって自分にダメ出しする人ほど、よくない癖が出ちゃうんだよね。

まずは、その自分責めをやめな。もっと自分を可愛がって、自分にいっぱい楽しいことをさせてあげたらいいよ。で、人にも親切にすれば、周りからも喜ばれてみんながあなたに会いたがります。

これほどの喜びはほかにないから、なにかに依存しなくてもよくなる。

自然と、やめたいことがやめられるよ。

今世は魂の長い旅のワンシーン

Q

すぐに心が揺さぶられ、感情のコントロールがうまくできません。なにかよい対処法はないでしょうか？

さっきも言ったけど、自分を責めるんじゃなくて「こういう自分でもいい」とゆるすことだよ。

自分否定って、逆効果なんです。余計、感情がブレちゃうの。

自分をゆるすのも、魂の成長には大事なこと。そう思って、「わかる、わかる」「そうだよね」って自分の心を受け入れてあげな。心が軽くなるから。

今世は、魂の長い長い旅のワンシーンに過ぎません。だからそんなに思いつめることはないいんだ。

自分で自分の機嫌を取って笑いな

Q

キラキラ輝く人を見ると、自分との差に愕然とし、嫉妬で落ち込みます……。

こういう「嫌なこと」が起きるのも、やっぱり波動が悪さしてるせいなの。その証拠に、一人さんにはそんな問題がほとんど起きないんだよね。ほとんどというより、まったく起きない。

なぜなら、私はいつも自分で自分の機嫌を取って笑ってるし、人にもうんと親切にしているからね。

笑顔で、自分にも人にも親切にして、感謝のないやつとは付き合わない。これをやってると、本当に問題って起きなくなるよ。

無理に自分を変えると魅力が削がれるよ

Q

私はなにかと打たれ弱く、自分らしい軸のようなものもありません。こんな弱い自分を強くできる方法があれば教えてください。


なぜ、弱い自分じゃダメなんだろう？　あなたは、今の自分では嫌なの？

一人さんにしてみれば、あなたはじゅうぶん素敵だと思いますよ。そのままで完璧だし、むしろ無理に自分を変えようとする方が、魅力が削がれちゃうの。

弱いんじゃない。あなたは柔軟なだけです。

周りに流されやすいのではなく、人を気遣えるやさしい心の持ち主なんだよ。

そしてそれが、あなたらしい軸だと思うよ。

表情で語る「敵ではありませんよ」

Q

私は口下手で話題も乏しいせいか、人と知り合ってもなかなか仲よくなれません。たくさん友達ができるよう、一人さん流のアドバイスをお願いします。

人とうまく会話できなくたって、笑顔でいれば、相手はあなたのことを仲間だと思ってくれるものです。あなたが笑顔なら、相手の目には、あなたは感じのいい人に映る。仲よくしたいと思ってもくれるだろう。

笑顔には「あなたの敵ではありませんよ」「私は、あなたと親しくしたいです」という意味があります。

必要最低限のことしかしゃべらなくても、笑ってるだけで感じがいいんだよね。

大丈夫、そのままのあなたで友達はできますよ。

恋人ができない？笑顔が足りないんだね

Q

30年以上生きているのに、一度も恋人ができたことがなく恥ずかしいです。みんな、どうやって恋人をつくるのでしょうか？


まず大前提として、あなた笑ってるかい？　笑顔の人には、本人が望めばいくらだって恋人はできるはずだから、そうじゃないんだとしたら、やっぱり笑顔が足りないんだろうね。と一人さんは思います。

笑顔になってみな。それから、人に親切にしてごらんよ。

それでもいい人が出てこなければ、それは出会いが少ないということだから、少し人のいる場所へ出かけてみるとかさ。

笑顔になれば、恋人なんてたちまちできちゃうよ。

自分の特性をうまく使ってごらん

Q

人間関係のなかで、無意識に「私の方がこの人より優秀だ」「あの人より自分の方が持っている」などと自分の優位性を探してしまいます。これって、嫌な性格でしょうか?

あなたの魂が、今はまだそういう段階にあるからしょうがないんだよね。

だから、自分を「こんな嫌な性格で」とか責めなくていい。自分の優位性を探してしまっても、それを人に言わなければなにも問題もないんです。

そのうちに魂が成長すれば、ヘンなことも考えなくなるよ。

というか、自分の優れているところがわかるってことは、裏を返せば、人の長所にも気付きやすい才能があるってことじゃないかな?

だったら、その特性を人に喜ばれるような使い方をすればいいんだ。

好きなことはとことん追求したらいい

Q

アニメの主人公やアイドルにばかりに恋をし、身近な人と恋愛できません。このままの自分を貫き通してもいいでしょうか？

もちろん、いいに決まってる！　悩む必要なんてないよ。アニメだろうがフィギュアだろうが、自分が好きなものにケチつけちゃダメだし、人に口出しされることでもない。あなたがよければ、それでいいんです。アニメの主人公なんて、かっこいいキャラクターばかりじゃない。好きになるのも当然だと思いますよ。

誰かに迷惑をかけるわけじゃないし、なにより自分自身が楽しいんだったら、とことん追求すればいい。どこまでも突き進んでください。

口に出せないなら心のなかでノー

Q
嫌なことを拒否する勇気がありません。どうすれば「やめて」が言えますか？

口に出してノーが言えない場合は、心のなかだけでもいいから「絶対断るぞ」って思うことだよね。それだけでもあなたの波動は変わるから、無茶を言ってくる人が激減すると思います。

それから、あなたをいいように利用したり、嫌なことを押し付けてきたりする人とは、付き合わないこと。いい人って、「いつか報われる」「みんなが感謝してくれる」なんて思いながら嫌な相手にも優しくしちゃうんだけど、それって本当に波動を落とされるから、絶対にやめた方がいいよ。

自分を粗末にすると勘違いしやすい

Q

愛を出しているつもりなのに、周りから「お人よし」だとバカにされます。私のどこが間違っているのでしょうか？

誰かをバカにするような相手とは、付き合っちゃいけません。人をバカにするなんて、そっちの方がおかしいよ。

ただね、もしあなたが自分のことを粗末にしているなら、「バカにされている」というのは勘違いかもしれません。自分を大切にしていない人は、どうしても自分を過小評価しちゃうの。自分には価値がないと思い込んでいるから、本当は誰もバカにしていないのに、あなたの目にはそう映ってしまうことがあるんです。

そういうことも含め、いい機会だから、自分によく向き合ってみるといいね。

まだ若い君たちへ
一人さんが今、贈りたいメッセージ

周りの押しつけに屈してはいけないんだ

今、君が無気力なんだとしたら、それは周りの大人のせいです。世間の間違った常識で縛り付けられ、自由を奪われ、そんな環境で我慢ばかりしてたんじゃ、自分を好きになれないのも当然だよね。

ただ、ふて腐れていても幸せになれません。

これからは、大人に振り回されず自分らしく生きな。

君にふさわしい成功の道がはじまるから。

夢がなくても成功できるよ

Q

将来の夢がなく、進路に悩んでいます。

どうすれば夢が見つかりますか？


夢がなくても、まったく問題ありません。

大人は「夢を持ちなさい」と言うけど、一人さんはそうは思わないの。

夢がなくても幸せになれるし、成功もできる。豊かになることもできるよ。だから安心してください。

夢があろうがなかろうが、大事なのは、君がいつでも笑っていること。人生を楽しむことです。

それさえできれば、まずうまくいく。一人さんが保証するよ。

勉強は困ってからやれば間に合う

Q

もっと勉強ができるようになりたいのに、
いくら勉強しても成績が悪いです。
頭がよくなる方法があれば教えてください。

ごめんね。一人さんは勉強が大嫌いだったし、いい成績を取りたいと思ったことは一度もないから、そんな方法は知らないの（笑）。

ただ、いつも「俺は最高だ」と思いながら生きていたら、いつの間にか納税日本一になっちゃったんです。

というか、勉強なんていうのは、困ってからやればじゅうぶん間に合うよ。困ってるときほど集中するし、驚くほど頭に入るものだからね。

乗り越えた人になる定めなんだね

Q

友達に悩みを相談しても、中身のない返事ばかりで参考になりません。本気で悩みを解決したいときは、誰に相談すべきでしょうか？

同じ問題を乗り越えた人、解決できた人に相談するのがいちばんです。そういう人はどこにいますかって、インターネットで検索すればいくらでも出てくるよ。今は、大勢の人が発信をしてるでしょ？　そういうのを読むだけで、すごい知恵がつくんですす。だから調べてみるといいですよ。

で、どんなに調べても納得いく答えが見つからないときは、君自身が考えて、自分が乗り越えた人になるんだろうね。と思って、その問題に挑戦してみな。そしてうまく乗り越えたときには、本でも書けば喜んでくれる人が大勢いるよ。

Q

どうすれば一人さんのように
頭の回転が速くなって成功できますか？

訓練すれば なんだって上達するよ

一人さんの頭の回転が速いかどうかは、わかりません。私自身、なにか特別なことをしている自覚もないしね。

ただ、君が強く望むなら「頭の回転を速くするにはどうしたらいいかな？」って、いつも意識しているといいよ。そうすると、いろんな情報が入ってくるから。

あとはもう「慣れ」だね。そろばんでもなんでも、練習すれば速くなるでしょ？

それと同じで、経験を積めば頭の回転だって速くなるんじゃないかな。

コンプレックスは偉大な武器になり得る

Q

コンプレックスがあって、自分を好きになれません。自分を大切にすることも、自分を可愛がることも、私にはハードルが高いです……。

コンプレックスのない人間なんていないし、誰だって自分の気に入らないところはあるんだよね。ただ、コンプレックスがあっても、「そんな自分もアリなんだ」と思えるかどうかで人生には雲泥の差が出ちゃうの。

今の君にとって、そのコンプレックスはすごく重い荷物かもしれない。でもね、ちょっと見方を変えるだけで、それは君の偉大な武器にもなり得るよ。

自分にダメ出しするのをやめて、こういう自分もいいよねって肯定してあげな。そしたら君の魂が喜んで、必ず道が開ける。自分のことも好きになれますよ。

どんな道でも君は幸せになれます

Q

親が病弱で経済的なゆとりがなく、なにもかもが不安です。この状況だと大学進学もあきらめなければならず、絶望しかありません……。

不安になって当たり前の状況だし、絶望するなと言う方が酷だよね。ただ、ずっと暗闇に沈み込んでいても、ますますうまくいかなくなるだけなんです。

みんなと同じように進学するのは難しくても、君が大学に行きたいと望むなら、必ず行けるときがきます。

世の中には、働きながら夜学に通う人、大人になって受験勉強に再チャレンジする人もたくさんいる。そういう道だってあるよね。

どんな道でも、君は幸せになれる。そう信じて、なんとかなると思うことだよ。

第4章

人生に輝きを添える働き方

仕事は簡単にやめていいんです

Q　たちまち仕事が楽しくなるコツはありますか？

これは本当に日本人に多いんだけど、仕事は簡単にやめちゃいけないと思い込んでいるんだよね。それがいけないの。嫌で嫌でしょうがないのなら、その仕事はあなたに向いてないってことだから、早く見切りをつけた方がいいと思います。我慢するから苦しくなるんだ。

それと、楽しい仕事ってね、意外と仕事の内容じゃない。ほとんどの場合、楽しいかどうかは「人」にかかっています。職場の人間関係が良好なら、どんな仕事も楽しくなる。これは間違いありません。

自分を可愛がると強みが見えてくる

Q

自分に隠されている「強み」を知る方法があれば教えてください。

強みというのは、多くの場合、自分では「ふつうにできる」ことなんです。当たり前にできるから自分の強みだと思いもしないけど、実はそれが強みなの。たとえば、嫌な仕事でも歯を食いしばってがんばる人は、それだけ根性があるってことでしょ？　今の職場では我慢が当たり前なんですっていうなら、もっとあなたを大切にしてくれる職場に移ることで、その強みが花開くかもしれません。

だから、自分を可愛がるんだよ。楽しく働ける環境を自分に与えてあげたら、自然と強みは見えてくるし、その強みが最大限に活かされるよ。

小さなチャレンジは大きな一歩

Q

ステップアップして新しい仕事にチャレンジしたいのに、勇気が出ません。

一人さん、私の背中を押していただけませんか？


あなたは、大きいことに挑戦しようとしていないかい？　だから勇気が出ないんだと思います。そうじゃなくて、もっと簡単なことでいいの。

小さく、小さく。でもどんどん足を前に出す。

このやり方ならいちいち勇気なんていらないけど、ちょっとずつ前進し続けるから、結果的にはものすごく大きなステップアップになります。

小さなチャレンジは、大きな一歩。小さな挑戦を楽しんでください。

失敗じゃない。魂が成長する経験なんだ

Q

仕事で失敗した自分が情けなくて、いつまでも引きずってしまいます。ミスを引きずらなくなる方法があれば教えてください。

この世界に、失敗など1つもありません。

みんなすぐ「失敗した」って言うけど、それはぜんぶ「この方法ではうまくいかない」とわかるための成功体験なんです。

私たちは、いろんな経験をすることで魂を向上させます。そのとき、いちばんの学びになるのが失敗なの。つまりその失敗は、あなたの魂を大きく成長させる、重要な修行なんだ。そして、学んでしまえば同じ失敗はもうしないんだ。場数を踏めば、ミスはどんどん減っていきます。

人に好かれたらチャンスが転がり込むよ

Q

仕事でチャンスをつかむための大切なことはなんでしょうか？


チャンスを運んできてくれるのは、「人」です。だから徹頭徹尾、人に好かれる自分になるといいね。

自分にも人にも親切にして、笑顔になること。

人はみんな、笑顔が好きなの。愛のある人には、「一緒に仕事をしたい」「いい話があったらこの人に教えてあげよう」って思うものなんだよね。

だから、チャンスだって次から次に転がり込んでくる。

当たり前の話なんだ。

いちばん簡単なのは言《こと》霊《だま》の力を借りること

Q

仕事が速く結果を出せる人は、どんなところが優れているのでしょうか?

そういう人はまず、仕事を楽しくやっているだろうね。不平不満を言いながら仕事したり、ミスをしたときに自分否定に走ったりしないと思います。

だからあなたも、天国言葉をどんどん口に出すといいですよ。そして、地獄言葉（聞いた人が不快に思う嫌な言葉）は使わない。

1日100回でも1000回でも、天国言葉を言ってみな。それでいい波動になれば、仕事だって成果が出せるよ。

言霊の力を借りることが、いちばん簡単な方法だと思います。

悩むぐらいなら知恵を出しな

Q

居心地のいい職場で働いていますが、スキルアップの見込めない仕事で悶々とする日々です。やはり、転職した方がいいでしょうか？

職場の居心地を優先する人もいれば、スキルアップに重要性を感じる人もいるから、こういうのは自分で決めるしかないんだよね。でも、決めたあとに「この道は違う」と思ったらやり直せばいいだけの話で、そんなに深刻にならなくていいの。

あとは、今の職場で働きながら、会社に新しい企画を提案してみてもいいし、副業でスキルアップを目指すのも一案だよね。いろんなやり方がある。

悩むより、知恵を出しな。あなたなら、きっといいアイデアが出てくるよ。

ミスが多いのはその仕事に向いてないから

Q

私は要領が悪く、仕事でしょっちゅうミスをします。こんな私でも評価を上げられる秘訣があれば教えてください。

ミスって、そこからなにか学んだり、魂を成長させたりできれば、同じ失敗はもうしないものなんだ。突き放すわけじゃないけど、同じミスを繰り返す人って、努力しても直らないの。それは能力の問題じゃない。あなたにはその仕事が向いてないというお知らせだから、別の仕事を探してみたらいいんじゃないかな。

合わない仕事なのに、我慢して続けるのは自分がかわいそうだよ。

あなたに向いている仕事なら、同じミスを繰り返すこともないだろうし、能力だって発揮できる。それが結果にもつながって、仕事が楽しくなるだろうね。

嫌な上司は褒め殺しです

Q

不機嫌で怒ってばかりの上司がいるのですが、なんとかしてその上司を攻略し、気に入られたいと思います。どうすれば上司に可愛がられますか?

こういう嫌われ者は、人に褒められることがないんです。誰だって、嫌なやつなんか褒めたくないでしょ?

だからまず、上司を褒め殺しにしたらいいよ(笑)。洋服、持ち物、髪型……なんでもいいから、さりげなく褒めてごらん。顔はしかめっ面でも、内心、すっごく喜ぶと思います。

で、そうやって褒め続けるうちに、上司は「こいつ可愛いな」って思うようになるから、なぜかあなたには優しくなるっていう現象が出てくるんだ(大笑)。

ライバルって戦う相手じゃないよ

Q

ライバルに勝ちたいときは、どう打って出るのが正しいでしょうか。

特別なことはありません。笑顔で、自分や人に親切にする。感謝のない相手とは付き合わない。これしかないし、それが最高で最善の戦い方です。

もしあなたのライバルが先に成功した場合は、笑って「よかったな！」「おめでとう！」って言いいな。そう言われると相手はうれしいし、あなたに感謝するの。自然と、よきライバルとして切磋琢磨できる関係になるんです。

ライバルは、火花を散らして戦う相手じゃない。いい波動を出し合って、お互いに成功する「仲間」だと思いますよ。

そのこだわりは本当に必要だろうか？

Q

がんばって取得した資格を活かしたいのに、いい仕事に巡り合えず宝の持ち腐れになっています。資格のことは、あまり気にしない方がいいでしょうか？

たとえば、英語を勉強してペラペラになったとして、それが活かせる仕事に就いて、あなたが楽しければ最高だよね。でも、そうはいかない場合もあります。資格を活かそうとするあまり、自分に合わない環境で我慢しながら働いていては、せっかくの英語力が、かえって自分の首を絞めることにもなってしまう。

仕事は、なによりも自分が楽しいかどうかです。

で、はじめは資格が活かせなくても、楽しく働いてさえいれば、思いがけない場面でその資格が役に立つってこともあるんじゃないかな。

あなたが楽しく働いているか。
それがなによりも大事。

運はいくらでも自分で生み出せる

Q

仕事があまりうまくない人でも、大成功して豊かになる方法はありますか？

それを見つけるのが、今世のあなたの旅だろうね。

そのヒントとして一人さんに言えるのは、「運を味方につけな」です。

運って本当に存在していて、これを味方につけたら百人力なの。実際に一人さんの人生も、その大部分は運の力によるところだと思っています。

運を味方につけるには、神的な生き方をすることです。愛のある顔で天国言葉をしゃべって、自分にも人にも親切にして、感謝のないやつとは付き合わない。

これで、いくらでもツキは引き寄せられるからね。

敵か味方かは相手の言動でわかるよ

Q

応援してくれる相手だと思っていたら、実は裏で私の足を引っ張っていたことがわかりました。敵と味方を見分けるよい方法があれば教えてください。


経験を積んで、見極める力を養うしかないよね。

特に詐欺師なんかは全力で騙してくるから、驚くほど手が込んでてコロッとやられちゃうの。そういうのに引っかからないためには、やっぱり「世の中には悪いやつがいる」ということをちゃんと認識しておくことが大事だと思います。

会社によっては、裏で足を引っ張る人間もいると思っておいた方がいい。

もちろん、やみくもに疑えばいいわけじゃなくて。相手の言動に愛があるかな、感謝はあるだろうかって見ていれば、おかしな人はわかるものですよ。

まだ若い君たちへ
一人さんが今、贈りたいメッセージ

仕事は楽しいのが当たり前。それが真実です

大人になると、社会に出て働くことになります。もちろん例外もあっていいし、全員が絶対に働かなきゃいけないってわけじゃないけど、大多数の人は仕事をするよね。

そのときに、多くの人が勘違いしていることがあるんです。そしてその勘違いのせいで、仕事が苦しくなる。

君がそんな辛酸をなめずにすむよう、ここで大切なことを伝えておきます。

波動、経験、場数。これで絶対うまくいく

Q

「この仕事を選んでよかった」と思える仕事に出合う方法を教えてください。

笑顔で、自分にも人にも親切にする。そして、感謝のできる人とだけ付き合っていく。そうすれば、運勢自体がよくなるから、常に「今がいちばん幸せ」になります。

それは仕事も同じで、明るい波動の人には、やっぱり最高の仕事とご縁がいただけるの。

あとは、経験と場数があれば完璧です。

この3つが揃えば、どんな仕事を選ぼうが絶対うまくいく。間違いないよ。

誰でも仕事を通じて豊かに、幸せになる

Q

仕事とはなんですか？
また、人はなんのために仕事をするのですか？

仕事は世の中のためにも、自分のためにもなるものです。生きがいや幸せにつながる楽しいことが、仕事の本質なんだよね。

大人は「仕事は大変だ」「生きるためには働くしかない」とかって厳しさを強調するけど、それは真実ではありません。楽しいうえに、お金までもらえる。それが仕事であり、こんなにいいものはない。気負わず、我慢せず、自分に向いてる仕事を楽しんでいれば、人はまず豊かになる。幸せにもなる。

これが真実であることを、生涯、忘れないでいてください。

やってみなきゃ向き不向きはわかりません

Q

まだ、どんな仕事が自分に向いているかわかりません。最初の仕事は、なにを基準に選んだらいいのか教えてください。

ちょっとでも気になる仕事があれば、それをやってみたらいいですよ。で、やってるうちに違うなと思ったら、深刻に悩んだりせず、仕事を変えていいの。そうやって、どんどん経験するしかないんです。

実際に働いてみなきゃ、自分にどんな仕事が向いてるかはわかりません。やってみたら、それまで苦手だと思い込んでいたものが、実は自分にいちばん合っていた。なんてこともあって面白いよ。

そうだな。10種類ぐらい仕事を経験すれば、だいぶ視界は開けるだろうね。

人それぞれ仕事に求めるものが違っていい

Q

仕事は、給料だけで選んでいいものですか？

世の中には、お金のためだけに仕事をしている人もいます。それが悪いわけじゃないし、人それぞれ仕事に求めるものは違っていいよね。つまり、君がお金が大好きで、それ以外はあまり気にならないのなら、給料だけで仕事を選んでも構いません。

ただ、それだけじゃ仕事が楽しくないとか、モヤモヤしたものを感じる場合は、お金のほかにも大事なものがあるんだね。

だったら、それも考慮しながら仕事を選んだらいいと思います。

「四方よし」で神様がマルをくれるよ

Q

仕事をするうえで、絶対に欠かせないものはありますか？

自分にも、人にも親切にすること。それから、感謝のない人間とは付き合わない。シンプルに言うと、この2つだけです。

そのうえでもうちょっと補足すれば、「四方よし」という言葉があってね。自分にも、お客さんにも、取引先にも、そして社会にもメリットのある状態を指す言葉なんだけど。これができると神様がマルをくれるから、その仕事はグンと伸びます。

どんな仕事でも、「四方よし」を意識していれば、まず間違うことがないんだ。

「石の上にも三年」はウソ!?

Q

大人たちは「世の中は厳しいぞ」「根性がないと生きていけない」などと言いますが、社会ってそんなに怖いところなのですか？

それはとんでもないことを教え込まれたなぁ……。一人さんはね、こういうことを言う大人にモノ申したい。なぜ子どもたちを怖がらせ、萎縮させるんだって。ズバリ言います。社会って、めちゃくちゃに楽しいよ。楽しい仕事でお金がもらえて、そのお金を好きなことに使いながら幸せの道を行く。天国なんです。よく「石の上にも三年」とかって根性論を唱える人がいるけど、あれも真っ赤なウソです。一度はじめたことはやり通せって、人を不幸にする最悪の言葉だよな。そんな脅し文句に振り回されず、君は激アマの天国を楽しんでください。

第5章

豊かになりたいと思えば
お金は必ず入ってくる

がんばり方が間違っていないかい？

Q

がんばっているのにお金がない人は、なにがいけないのでしょうか？

やみくもにがんばったからって、豊かになれるわけじゃないんです。正しい方へ向かってがんばることが大事なんだ。

つまりお金がないのは、がんばり方が間違っているってことだね。

自分に我慢させているとか、笑顔が足りないとか、どこかに問題がある。

事業をしている場合は、値段設定やサービス、集客の方法が間違っているという可能性もあるだろう。もしくは、収入はあっても出費が多すぎるとかさ。

それは自分で探すしかないけど、これもまたゲームだと思って楽しむといいよ。

災難をダイヤモンドに変えるんだ

Q

インフレで物価が高騰し、収入も少なく不安で仕方がありません……。


コロナ禍で、飲食店をはじめ多くの業種がダメージを受けました。

でも今、じゃんじゃん盛り返しているよね。一人さんの仲間にも、コロナをきっかけに、以前よりも売り上げを伸ばしているケースがたくさんあります。

その人たちの共通点は、コロナという災難をダイヤモンドに変えたこと。世の中はだんだんよくなる、未来は明るい。これを合言葉に、知恵を出してコロナを乗り切り、ついに大きな花が開いた。インフレなんかものともしていないの。

不満を口にするより、笑顔で親切だよ。その方がよっぽど人生は変わるんだ。

金銭問題に他人が口を出しちゃいけない

Q

子どもに学費がかかり、家計が持ちこたえられるか不安です。

お金の問題は、収入を増やすか、節約するかのどちらかしかありません。学費の安い学校を検討する、親がもう少し仕事を増やす、あるいはゆとりのある祖父母がいるんだったら援助を頼むとか、なんとかして収支を調節するしかない。でもね、あなたにどの方法が向いているか他人にはわからないし、お金の問題は自己責任なの。他人が口を出していい問題じゃないんだよね。

ということしか一人さんには言えないから、自分で考えてみてください。

ただ持つだけじゃダメなんです

Q

ありがたいことに、一生困らないだけのお金を持っています。
ところが、近寄ってくる人が
お金目当てであることが多く悩んでいます。

ヘンな言い方で悪いんだけど、お金をたくさん持っていれば、狙われるのは当たり前なんです。「お金を貸して」「寄付しませんか？」「いい投資話がありますよ」って次から次にいろんなのが寄ってきます。

泥棒から親戚、友達……それに税務署からも、税金の請求がいっぱいくる（笑）。

だから、お金はただ持つだけじゃダメなんです。お金を持ったら、それを維持できるかどうかが重要だし、その力がないと、お金はすぐなくなっちゃうの。

それも学びの１つ。魂を向上させる試練だから、果敢に挑戦してみな。

借金があるからこそ明るい気持ちが大事

Q

借金があり、そのことで頭がいっぱいです。どうすれば心にゆとりが持てますか？

あなたは今、がんばって返済しているんだよね？　だったら少しずつでも借金は減っているだろうし、心配ないよ。

世の中には、借金があっても気にしない人もいるんです。借金を平気で踏み倒すとか、周りに押し付けて逃げるとか。そんな悪いやつらに比べたら、ちゃんと返済しなきゃって思えるあなたはそれだけで立派です。

こういうときこそ、明るい気持ちを持ちな。あなただったら大丈夫。神様だって味方してくれるからね。

家族が援助するのは当たり前じゃない

Q

義理の両親からお金を貸してほしいと頼まれました。余裕がないので断ったところ、「恩知らずとは離婚だ」と責められ困っています……。

助けてあげたくても、余裕がなくて助けられないんだからしょうがない。にもかかわらず逆ギレする相手なら、「あぁ、そうですか」って離婚してやりな（笑）。それに、お金の問題は本人の責任です。家族ならお金をよこすのが当たり前とか、そんな考えの方がおかしいよ。

あなたには関係ないし、こんな愛のない人間とは縁を切った方がいい。たとえあなたに余裕があっても、こういうタイプとは付き合っちゃダメです。

その両親と縁を切ったら、あなたはもっと豊かになるのかもしれないよ。

骨身にこたえたら考え方も変わるよ

Q お金もないのに、我慢できずにお金を使ってしまいます。この浪費癖を直す方法はあるでしょうか？

ひょっとしたら、いままではお金に困っても誰かが助けてくれたのかな？　あるいは、まだそこまで困っていないから、浪費癖が直らないんだと思います。経済的な問題は、自分が困ることで学ぶしかない。「無駄遣いはダメ」とわかっていながらお金を使ってしまうのは、まだ学びを得られていないのでしょう。でもね、いずれ骨身にこたえるときがくれば、考え方も変わるはずだよ。

貧しくても笑い飛ばせる人が幸せ

Q

お金がないのは仕方ないとして、
周りから貧乏だと思わるのが我慢なりません。
このような、プライドばかり高い自分を変える方法はありますか？

一人さんは東京の下町に生まれ育ち、下町が大好きです。

で、これは誤解しないでもらいたいんだけど、下町ってお金に余裕がない人もけっこういて。だけどみんな助け合いながら明るく生きているし、お金がなくても笑い飛ばせる人が幸せなんだよね。

そういう人たちを参考にしたらいいと思います。

ヘンに見栄を張っても余計に苦しくなるし、ますます豊かさから縁遠くなるだけだからね。

豊かそうな人は実際に豊かになる

Q

お金がなくても、豊かそうに見せることは大切ですか？

見栄を張るのはよくないけど、楽しみながら「豊かそうに見せる」っていうのは、実はすごく大事です。なかでも重要なのは、豊かそうな顔。いかにも幸せそうな顔。それには、ブスッとせず、笑ってなきゃいけない。

それから、髪の毛を整えたり、洋服もシワの伸びたものを着たり。美容院とか、洋服にお金をかけろと言ってるわけじゃないの。安いものでも清潔感を心がけることで、見る人に好感を持ってもらえます。

そういうおしゃれをすると豊かな波動になるから、本当に豊かになれるよ。

明るい波動で「生き金」を使いな

Q

お金持ちになれるお金の使い方、というのはありますか？


この世界は波動だから、同じお金を使うのでも、豊かな波動を出せばいいよね。「またお金を使ってしまった」みたいな否定的な感情ではなく、「欲しいものが買えてありがたい」って喜びや感謝でお金を出した方がはるかに豊かでしょ？

もちろん、身の丈に合った金額というのは大前提だけど、その範囲内でワクワク楽しいことに使うお金は、「生き金」といって、次につながります。

明るい波動を出しながら使ったお金は、お金の友達をいっぱい連れて、またあなたのところに帰ってきてくれるんだ。

重く考えなければいい結果につながる

Q

勤め先の会社は気に入っていますが、年収が上がらずモヤモヤしています。やはり転職した方がいいでしょうか？

こんなご時世なので、会社の方も収益が上がらず、昇給が難しいってこともあるだろうね。

ただ、どんなに景気のいいときでも、減給や倒産する会社はあるし、その反対に、景気が悪くても収益が伸び続ける企業もある。

けっきょく、自分が納得できる道を選ぶしかない。

でもね、重く考えるか、明るい未来をイメージしながら考えるかで、結果は大違いだと思いますよ。

どんな時代にもメリットとデメリットがある

Q

最近、政府が「貯蓄から投資へ」としきりに言いますが、投資は本当にメリットがあるものでしょうか?

そりゃあ、うまくやればメリットはあるよね。だけどそうじゃないこともあります。なかには詐欺みたいな、デメリットしかない投資もあるから、自分の見る目を養わなきゃいけないよね。だから、「投資は自己判断で」って言われるの。

ただ、それは今にはじまったことじゃない。いつの時代も両方ある。商売だって、儲かる人もいれば破産する人もいる。それと同じです。

という前提で、あなたが投資したいと思えばすればいいし、抵抗があるならやめておいた方がいい。政府の言う通りにしなきゃいけないわけじゃないんだから。

一人さんもまだまだ未熟だからね

Q

お金を稼ぐためのいろんな情報を学んで知識を蓄えましたが、いっこうに収入が増えません。

私にはなにが足りないと思われますか？


笑顔、愛のある言葉、自分にも人にも親切にする。

こういうのは、もうやっているだろうか？

簡単なことばかりに見えるかもしれないけど、やり続けようと思うと、けっこう難しいんです。一人さんだって「まだまだ未熟だなぁ」と思うぐらいだから、あなたもできてないときがあるんじゃないかな。

知識を得るのもいいけど、いちばん大事な基礎が固まっていなければ、せっかくの知識も宝の持ち腐れになっちゃうんだ。

笑顔とか、愛とか、親切とか、
簡単そうに見えることこそ
やり続けようと思うと
けっこう難しいんです。

まだ若い君たちへ
一人さんが今、贈りたいメッセージ

お金に困らなくなる 知っておくといい 愛の知恵

お金というのは本当に便利で、ないと困るものです。

お金って、人間がこの世界で生きていくために神様がくれた愛なの。ときどき、「人生、カネじゃない」「お金は汚いもの」みたいに言う人がいるけど、それって神様の愛をけなしているのと同じこと。

お金持ちになりたければ、まずお金を好きになって感謝することだよ。

お金とは「神の愛」なんです

Q

お金って、どういうものですか？

お金は、ないと困るものです。お金がなかったら、大昔のように物々交換しなきゃいけないでしょ？　ダイヤモンドを手に入れるのに、ジャガイモを何トン持ってくればいいんですかって話になる（笑）。こんな不便なことはありません。

お金という便利なものが存在するおかげで、私たちは無駄な労力なしに、欲しいものを好きなときに買うことができる。

一人さんに言わせると、お金は「神の愛」なんです。だから、お金が欲しい人は神の愛にこたえる生き方をしなきゃいけない。私はそう思っています。

自分のお金でやりくりできたら大したもの

Q

お金との上手な付き合い方や、お金の貯め方、お金に困らない人生にする秘訣を教えてください。

お金に困らない人生にしたければ、まず「お金がないのは嫌だ」と思うこと。これがすべてのはじまりなんです。

そしてそのうえで、お金を大切にしてください。といってもケチになれという意味じゃなくて、感謝や喜びの心を持とうよって話なの。わかるかい？

それと、世の中の大半の人は、自分の稼ぎでしっかりと生きています。とにかく自分のお財布のなかにあるお金でやりくりしているんだよね。

それができたら、大したものです。立派にお金を管理しているなぁって思うよ。

返してもらう前提でお金を貸さないこと

Q

たくさんのお金を持ったときの心がまえと、人からお金の無心をされた際の対処法を教えてください。

いちばん大事なのは、お金を持ったからって威張らないことです。そしてお金を持ったら、それを維持できる力をつけなきゃいけない。でないと、管理しきれずお金が消えちゃうの。お金を持ったら持ったで、修行があるんだよね。

たとえば、安易に人にお金を貸さないこともその1つ。君が金貸しなら話は別だけど、そうでなければ人にお金を貸さない方がいい。それでも貸したいときは、あげるつもりで渡すのが鉄則なんです。と肝に銘じておけばいいですよ。

嫌なやつにはガツンと言うんだよ

Q

お金がないことで人に見下されたとき、
相手を黙らせる対処法があれば教えてください。

一人さんの人生にはそんなやつは出てきたことがないけど、もし現れたときには、こう言います。

「なんだと、もう1回言ってみろ。誰に向かって言ってるんだ」

相手を黙らせるには、ガツンと言わなきゃダメなの（笑）。

面と向かって言えない場合は、心のなかで思うだけでもいい。それが波動になって、嫌なやつを寄せ付けなくなるからね。

どんな少額でもお金の貸し借りはやめな

Q

お金に困ったときには、人に貸してもらってもいいですか？

さっきも言ったように、お金の貸し借りは、できる限りやめるべきだと一人さんは思います。

相手が大切な人であればあるほど、絶対にお金を貸さない、借りない。

いくら少額でも、お金のことは、人の信用や評価を大きく左右します。

だから、はじめからお金の貸し借りはしないと決めておいた方がいいんだ。

思いを変えたら現実もついてくる

Q

お金のない家に生まれた私は、お金持ちの友達がうらやましくてたまりません。この嫉妬から解放される方法はありますか？

嫉妬に苦しめば、ますます嫉妬したくなるような現実がやってきます。波動の影響力は「宇宙の法則」で決まっていることだから。

こういう場合は、とにかく口先だけでも「家が金持ちで最高だね」「いい親のとこに生まれてツイてるな」って喜んであげな。人にいいことがあったら、すかさず「よかったね！」なの。これを口癖にしたらいい。

そして心のなかで「次は自分の番だぞ」ってワクワクしながら待っててごらん。先に豊かな思いになっちゃえば、現実も必ずついてくるよ。

第6章

あなたは幸せになるために生きている

ネガティブ思考を断ち切るって簡単なんだ

Q

ネガティブ思考を断ち切り、明るい考え方ができる魅力的な人になる方法を教えてください。


笑顔で、愛のある言葉を口に出しな。

自分にも、人にも親切にしてごらん。

それと、「だんだんよくなる」「未来は明るい」っていう言葉を、1日100回でも200回でもつぶやいたらいいよ。

言霊ってすごく強力だから、本当に明るい気持ちになれるんです。

ネガティブ思考も、これで簡単になくなるよ。

大きな親切はお節介や自己満足になりかねない

Q

「情けは人の為ならず」と言われますが、一人さんも、いいことをするときには「自分のため」だと思っていますか？

人に親切にするのは、一人さんにとっては当たり前のことだから、自分のためとか考えたこともないんです。そういうのが気になる人はたぶん、大きい親切をしなきゃいけないと思っているんだろうね。でも、親切はさりげないものでじゅうぶんだし、むしろそうじゃなきゃダメなの。

大きい親切に気を取られると、えてして自分がないがしろになる。そこまでして人に尽くすのは本当の親切じゃないし、一歩間違うと、単なるお節介や自己満足になりかねないからね。

神様の方が一人さんに惚れている

Q

どんなときでも神様に守ってもらえる生き方を教えてください。

一人さんは人生に行き詰まったことがありません。困ったことが起きても、どういうわけかうまい具合に解決しちゃうの。なぜかと言うと、神様に愛されているから。自分を可愛がり、いつも笑顔で人に優しくして、感謝のない人からは離れる。これをやっている私は、神様からハンパなく愛されているんだよね。

ふつうの人は、神様に惚れるの。もちろん一人さんも神様が大好きだけど、私の場合は、それ以上に神様に惚れられている（笑）。

だからここまで成功したし、最高の仲間に囲まれているんだと思います。

自分を可愛がっている人は
神様からハンパなく愛されて、
なにをやっても成功するよ。

つまらない毎日って本当は特別だよ

Q

毎日、家事や育児、仕事だけの繰り返しで、人生が楽しいと思えません。なにかガツンと意識が変わる方法はありますか？

あなたの言う退屈な日常は、ほかの人から見たら、夢のような生活ってこともある。世界には、戦争で日々の生活もままならない人たちがいるよね。病気やケガに苦しむ人もいる。愛する人を亡くしたり、仕事を失ったりして、暗闇のなかで必死に生きている人もいます。

そんなことに考えがいたると、感謝の気持ちになるんじゃないかな。あなたにとっては当たり前でも、その平和な毎日は奇跡であり、特別なんだ。

それと、できる範囲でいいから、楽しいことをいっぱいしな。

どんな自分でも「そうだよね」ってゆるしな

Q

自分をゆるすこと。

そして人をゆるすためには、なにがいちばん大切ですか？


どんな自分でも、ゆるしてあげることだよ。

強い自分否定があったとしても、そんな自分をゆるす。そうだよね、否定したくなるのも無理ないよねって、自分の心に寄り添ってあげな。

このとき、「自分をゆるします」という言葉を繰り返し唱えると、言霊の力でゆるしやすくなりますよ。

で、自分をゆるせるようになったら、人のことも自然にゆるせるんだ。

自分を受け入れ、嫌なやつは視界から消す

Q

「ゆるす」とは、どういうことですか？

自分に対する「ゆるし」は、すべてを肯定し、そのままの自分を受け入れること。一方、ほかの人をゆるすというのは、あなたの世界から相手を消すことを意味します。といっても、怖い意味じゃないよ（笑）。要は、相手を「どうでもいい」と思うこと。自分の視野から追い出すこと。これが、他者へのゆるしです。

嫌な人の長所を探したり、好きになろうとしたりする必要はありません。

ただ「この人、最悪だな」と思うことがあったら、そう思う自分をゆるせばいい。そのうちに、嫌な相手が視界から消えていなくなるからね。

いばらの道をバラの道に変えるんだ

Q

いばらの道としか思えない人生でも、そこにはなにか深い意味がありますか？

あなたの言うように、深い意味があります。その経験を通じて、大きな学びを得られるってことだよ。

一人さんも、過去には何度もいばらの道を歩いてきました。でもね、私はそれをいばらの道だと思ったことがないんです。いつも、この難題をどうやって攻略しようかって、「バラの道」に変えてきたの。

バラにはトゲがあると言う人もいるけど、だったら一人さんは、トゲのないバラを開発するよ。私は、なんでもそういうゲームだと思って楽しみます。

あなたにも勝ち目があるから嫉妬する

Q

「誰かに嫉妬するのは、自分にもそれができるってことだよ」というのは本当ですか？

オカダ・カズチカっていう、人気プロレスラーがいるんです。その彼に、ふつうの会社員が嫉妬するかと言うと、しないと思います。

なぜかと言うと、会社員はプロレスで勝負してないから。

嫉妬は、「自分だって勝てそうなのに、あいつが勝った」みたいな場合に抱く感情なんです。自分にも勝ち目があるときしか、嫉妬しません。

つまり嫉妬は、あなたにもそのチャンスをモノにできる力がある。というお知らせで、悪い感情じゃない。そう思って、自分の原動力にすればいいよね。

貯金することも自分への投資です

Q

自分に投資したいけど、具体的になにをすればいいのかわかりません。自分への投資とは、どういうものを指すのでしょうか？

なにが自分への投資になるかは人それぞれだから、具体例を出すのは難しい。ただ、あなた自身もなにをしたらいいのかわからないのなら、まずはお金を貯めたらいいと思いますよ。

もちろん、自分への投資はお金がかかることばかりではありません。でも多くの場合は大なり小なりお金がいるだろうから、そのときのためにあらかじめお金を貯めておくのだって、立派な自分への投資だよね。

趣味があれば毎日笑っていられるよ

Q

明るく笑いながら生きていたいけど、ときどき、心が迷子になることがあります。そんなときは、どうすれば迷路から抜け出せますか？

ズバリ、答えを言いましょう。楽しい趣味を持ってください。

世間ではよく、「男性より女性の方が元気」と言われます。それってね、女性の方が趣味を持っているからなの。

ファッションや化粧を楽しんだり、友達とおいしいものを食べに行ったり、旅行に出かけたり。女性って、男性よりも楽しむことが好きなんだろうね。

元気のおおもとは、楽しむこと。あなたも趣味を持って、毎日楽しく過ごせばいいよ。楽しければどうしたって笑うし、心が迷子になることもないんだ。

楽しくなきゃ苦しんだぶん損だよね

Q

人生で「もうダメだ」という窮地に立たされたとき、そこから大逆転を狙うために大事なことはなんですか？

世の中はだんだんよくなる。未来は明るい。それを信じることです。

そして、問題が起きても「これをどうやって楽しく解決しようか」って、ゲームにするの。ゲームだと思ったとたん、ワクワクしてくるから。

特に一人さんの場合は、ただ問題を解決するだけじゃなく、そこに「楽しみ」がなきゃ損したと思っちゃうんだよね。楽しくなきゃ、損じゃないかって。

だから、元を取るために意地でも楽しむ（笑）。そしてそういう私だからこそ、なにが起きても当たり前に大逆転できるんだと思います。

「前払い」という試練もあるんです

Q　人はなぜ、ちょっと成功しただけで得意になるのですか？

人にもよるけど、得意げにふるまったり、威張って偉そうにしたりするのは、たぶん神様からの「前払い」の試練だと思います。前払いというのは、棚ボタ的に大金を手にするとか、いきなりうまくいくとか、先に幸せをつかむんだよね。それをいいことに天狗になると、大きな試練が訪れる。前払いの幸運を受け取れるだけの器をつくらないと、どんでん返しを食うよって。そういう話なんです。

豊かになったなら、それに見合う波動でなきゃいけない。威張り散らしていると、たちまち波動が貧しくなって、あっという間に転落しちゃうんだ。

お金だけあっても幸せな老後にならない

Q

老後の準備で、絶対にやっておいた方がいいことはありますか？

充実した老後にするには、ある程度のお金も必要だろうけど、ぜひ準備しておいてもらいたいのが「楽しい趣味」を持つことです。

趣味って、急に持とうと思ってもなかなか見つかるものではありません。現役時代から探しておかないと、いざ老後を迎えて時間ができた途端、暇を持て余しちゃうんだよね。

やることがないって、つらいよ。心まで沈んじゃうの。

だから老後の準備の1つに、趣味を見つけることも入れておくといいですよ。

まだ若い君たちへ
一人さんが今、贈りたいメッセージ

生まれてきただけで大成功。あとは楽しむだけ

君は、幸せになるために生まれてきました。

この地球でしか体験できないことを思う存分味わうために、ここで生きている。

でもね、ここに生まれてくるのは簡単なことじゃない。気が遠くなるほどの競争率を勝ち抜いてきたのが、私たちです。

生まれてきただけですでに大成功だし、この先の未来も明るい。

だから、あとはもう楽しむだけでいいんだ。

試練を怖れることはないよ

Q

この先に待っている試練に、どんな覚悟をしておけばいいですか？

また、実際に大きな壁が出てきたときの対処法を教えてください。


なにも怖れる必要はありません。試練といっても、学びさえすれば簡単に乗り越えられるものばかりだし、大きな壁なんて出てこないの。

そうやって未来を明るく考えていれば、本当に困ったことなんか起きないよ。

もしそれでも行き詰まったときは、インターネットやなんかで同じ悩みを持つ人を調べて、乗り越えた人の書いたものとか動画を見たらいい。そこに、大きなヒントがあるはずだからね。

覚悟より、楽しむことを意識しな。それが人生でいちばん大事なことだよ。

勇気ある魂はひどい身の上を選ぶことがある

Q

不運な境遇に生まれ育ち、真っ暗な気持ちでいます。どうすれば生きる勇気が持てますか？

これは不思議な話だから、信じたい人だけが信じてくれたらいいんだけど。

あの世では、地球に生まれたい魂が大行列をつくっていて、ほんのひと握りの魂しか生まれてくることができません。つまり、君はここにいる時点で、何万倍、何億倍という、ものすごい競争率を勝ち抜けてきた、選ばれし魂なんです。

でね、あの世での勝ち抜き戦があまりに壮絶だから、勇気ある強い魂は、ひどい境遇を選ぶことがある。あえて試練を選べば、競争率が低くなるから。

実は君もそのタイプだったのかもしれないよね。

人の魂は永遠に死にません

Q

人は、死んだらどうなるのですか？


人の魂は、永遠に死ぬことはありません。

この世界で肉体が死を迎えるときは、魂が肉体から抜け出してあの世に帰り、またいずれ地球に生まれてきます。

だから、死を怖がる必要はありません。

大切な人と死に別れたとしても、時が流れ、君があの世へ帰るときがきたらまた会える。

そしてまた、来世もともに生きられるよ。

死ぬときは苦しくない。気持ちいいんだ

Q

自分が死ぬときのことを考えると「どんなに苦しいんだろう」と恐怖に襲われ、いてもたってもいられません。

君は、生まれてきたときのことを覚えているかい？　なかには記憶のある人もいるだろうけど、ほとんどの場合は覚えていないと思います。

でもさ、赤ちゃんは狭い産道を通って出てくるわけだから、ふつうに想像すると苦しいはずだよね。ところが、苦しかった記憶はまったくない。

それにちょっと通じるんだけど、死ぬときも苦痛はありません。臨死体験をした人の話を総合すると、死が訪れるときは、むしろ、すごく気持ちいいんだって。

だから、必要以上に死を怖れる必要はないよ。安心してください。

人は自由に生きてこそ幸せになれる

Q

自由に生きるためには、なにがいちばん大切ですか？

自由とは愛であり、愛とは自由です。

自分や人を愛することの意味がよくわからないっていう人もいるけど、愛とは、自由をゆるすことなの。誰に対しても、自由に生きることを認める。

そして、愛はこの世界の大きな柱です。

自分を愛し、人を愛する。この両方ができてはじめて神的な生き方となり、自由に生きてこそ幸せの道へ進める。

だから君も堂々と、好きなように生きなきゃいけないよ。

今の若い人たちは最高の魂の持ち主

Q

一人さんから見て、今の若者はどんなふうに見えますか？

私はね、今の若い人たちにすごく感心しています。一人さんの仲間にも10代や20代の若者がいるし、それ以外でもいろんな場面で若い人たちを見ることがあるけど、本当に立派だなぁって。とても頼もしく感じています。考え方が柔軟で、人生や生き方について対話しても、自分軸がしっかりしていて驚かされるの。古い年代の人に対しても礼儀をわきまえているし、愛があって優しいんだよね。

これからの世界を、こんなに素晴らしい魂たちに任せられるなんて、安心しかない。これが私の本心です。

世界は自分を中心に回っている

Q

これから先、「こんな面白いことが起きるかもしれないよ」という、一人さん流の楽しい考えがあれば教えてください。


いい質問ですね～。じゃあ、ズバリ言いますよ。

いい女はみんな、一人さんに惚れて彼女になっちゃいます（笑）。それのどこに現実味があるのかって？　そこなんだよ。あのね、私は今言ったことを、本気で妄想しているの。そして、いつもワクワクしている。本気で楽しい妄想をしていると、その波動で、現実まで楽しくなるんです。

この世界は、楽しんだもの勝ちだから、君も一人さんみたく、なんでも自分に都合よく考えるんだよ。世界は、君を中心に回っている。

あとがき

強盗や傷害、殺人、詐欺……。
日本は治安が悪くなったんじゃないか、
と思わせるような事件がこのところよく起きます。

特にここ数年は、新型コロナウイルスのまん延や、
戦争といった不安定な世界情勢を背景に、
みんなの心もふつう以上に
恐怖を感じやすくなっているかもしれません。

でもね、一人さんは、どんなことが起きようが
いつも心は一定なんです。

世の中はだんだんよくなる。
未来は明るい。

私は今までずっとその感覚で生きてきたし、
実際に起きたことを振り返ってみても、
本当にその通りなんです。

「昔の方が今より豊かだな」

「世の中は退化している」

なんて思ったことは、人生で一度もありません。

私の人生だけじゃないよ。
明治時代、江戸時代、戦国時代とか縄文時代まで
さかのぼってみてもいいけど、
なにからなにまで、今の方が進化しています。

医療や科学分野、教育水準、家庭の経済状況……
どこを切り取っても
昔よりレベルは上がっているよ。

日本人のスタイルだって
背は伸びたし、手足も長くて顔は小さい。
昔よりはるかに見目麗しい人が増えたよね（笑）。

インフレで家計は火の車じゃないか、
国も借金だらけで破綻寸前じゃないかって
思う人がいるかもしれません。

本当に、そうだろうか？

昔は、どんなに家計が苦しくても
生活保護なんて制度はなかったし、
医療費の払えない人は
「お気の毒ですが……」って言われるだけだった。

これでも昔より、貧しい、苦しいと思うかい？

悪いところばかり見て、
「ほら、ここがダメじゃないか」
とかって不平不満や悪口ばかりいう人がいる。
でも、ちょっと視点を変えてみたら
いいところがたくさんあるよね。
なぜそこには目を向けないいんだろう。

一人さんのことを、特別な人だと言ってくれる人がいる。
納税日本一になれるのは選ばれし人間だからって。

もちろん、そんなふうに思ってもらえて光栄だよ。

でもね、実際のところ、
私はそんな立派な人間じゃありません。
コンビニでエッチな本を買って喜ぶ、ごくふつうの男。
女性とデートするのも大好きです（笑）。

そんな私がなぜ、
これほどの成功や豊かさを
手に入れられたのかっていうと、
これに尽きるんです。

ものごとの明るい面しか見ないってこと。

一人さんはいつでも明るい未来を信じているし、
自分が不幸になるはずがないと思ってるの。
それを信じ切っていて、疑ったことがないんだよ。

明るい方を見ていたら、
自然と自分にも人にも親切になるし、誰に対しても愛を出せる。

いつも明るい波動でいるから、嫌なやつなんて寄ってもこない。
素晴らしい仲間だけに囲まれて、
そのおかげで私は納税日本一にさせてもらったんです。
あなたが幸せになりたいんだったら、
今すぐ明るい方を見ることだよね。
嫌なものが見えたときは
「まぁそういうこともあるか」って受け流せばいい。
どうせ未来は明るいんだから。

一時的に好ましくないことが起きたら
それを足がかりにまた進化していくんです。

悪くなり続けることなんて、
絶対にありえないよ。

私が人生を重ねて辿り着いた本質は、それしかない。

最後までお付き合いいただき、ありがとう。

一人さんは、今日も笑って生きています。

あなたも、あなたの場所で笑っていてください。

また会おうね。

令和5年9月吉日　さいとうひとり

雄大な北の大地で
「ひとりさん観音《かんのん》」に出会えます。

北海道河東郡上士幌町上士幌

【ひとりさん観音】

柴村恵美子さん（斎藤一人さんの弟子）が、生まれ故郷である北海道・上士幌《かみしほろ》町《ちょう》の丘に建立《こんりゅう》した、一人さんそっくりの美しい観音様。夜になると、一人さんが寄付した照明で観音様がオレンジ色にライトアップされ、昼間とはまた違った幻想的な姿になります。

【大丈夫記念碑】

ひとりさん観音の建立から23年目に、白光の剣※とともに建立された「大丈夫」記念碑。一人さんの愛の波動が込められており、訪れる人の心を軽くしてくれます。

※千葉県香取市にある「香取神宮」の御祭神・経《ふ》津主大神《つぬしのおおかみ》の剣。闇を払い、明るい未来を切り開く剣とされている。

「ひとりさん観音」にお参りをすると、願い事が叶うと評判です。
そのときのあなたに必要な、一人さんのメッセージカードも引けますよ。

そのほかの一人さんスポット　【ついてる鳥居】　最上三十三観音 第2番 山寺（宝珠山 千手院）
山形県山形市大字山寺4753　電話：023-695-2845

一人さんが
すばらしい波動を入れてくださった絵が、
宮城県の定義山西方寺《じょうぎさんさいほうじ》に飾られています。

宮城県仙台市青葉区大倉字上下1 Kids' Space 龍の間

勢至菩薩《せいしぼさつ》様は
みっちゃん先生の
イメージ

聡明に物事を判断し、冷静に考える力、智慧と優しさのイメージです。寄り添う龍は、「緑龍」になります。地球に根を張る樹木のように、その地を守り、成長、発展を手助けしてくれる龍のイメージで描かれています。

阿弥陀如来《あみだにょらい》様は
一人さんの
イメージ

海のようにすべてを受け入れる深い愛と、すべてを浄化して癒すというイメージです。また、阿弥陀様は海を渡られて来たということでこのような絵になりました。寄り添う龍は、豊かさを運んでくださる「八大龍王様」です。

観音菩薩《かんのんぼさつ》様は
はなゑさんの
イメージ

慈悲深く力強くもある優しい愛で人々を救ってくださるイメージです。寄り添う龍は、あふれる愛と生きる力強さ、エネルギーのある「桃龍」になります。愛を与える力、誕生、感謝の心を運んでくれる龍です。

斎藤一人さんと
お弟子さんのウェブ

斎藤一人さん オフィシャルブログ

https://ameblo.jp/saitou-hitori-official/

一人さんが毎日あなたのために、ツイてる言葉を
日替わりで載せてくれています。ぜひ、遊びにきてくださいね。

斎藤一人さん Twitter

https://twitter.com/O4Wr8uAizHerEWj

ぜひフォローしてください。

柴村恵美子さん

ブログ	https://ameblo.jp/tuiteru-emiko/
ホームページ	https://emikoshibamura.ai

舛岡はなゑさん

ホームページ	https://masuokahanae.com
YouTube	https://www.youtube.com/c/ますおかはなゑ4900
インスタグラム	https://www.instagram.com/masuoka_hanae/

みっちゃん先生

ブログ	https://ameblo.jp/genbu-m4900/
インスタグラム	https://www.instagram.com/mitsuchiyan_4900/

宮本真由美さんのブログ	https://ameblo.jp/mm4900/
千葉純一さんのブログ	https://ameblo.jp/chiba4900/
遠藤忠夫さんのブログ	https://ameblo.jp/ukon-azuki/
宇野信行さんのブログ	https://ameblo.jp/nobuyuki4499/
尾形幸弘さんのブログ	https://ameblo.jp/mukarayu-ogata/
鈴木達矢さんのYouTube	https://www.youtube.com/channel/UClhvQ3nqqDsXYsOcKfYRvKw

斎藤一人（さいとう・ひとり）

実業家。著述家。東京生まれ。ダイエット食品「スリムドカン」などのヒット商品で知られる化粧品・健康食品会社「銀座まるかん」の創設者。1993年以来、全国高額納税者番付で12年間連続6位以内にランクインし、2003年には日本一になる。土地売買や株式公開などによる高額納税者が多い中、事業所得だけで多額の納税をしている人物として注目を集めた。高額納税者の発表が取りやめになった今も、着実に業績を上げている。著者としては「心の楽しさと経済的豊かさを両立させる」ための本を多数出版している。

斎《さい》藤《とう》一人《ひとり》 本《ほん》質《しつ》

今《いま》だから語《かた》りたい、いちばん大事《だいじ》なこと

2023年10月2日 初版発行
2024年2月5日 4版発行

著 斎藤一人《さいとうひとり》
発行者 山下直久
発行 株式会社KADOKAWA
〒102-8177 東京都千代田区富士見2-13-3
電話0570-002-301(ナビダイヤル)
印刷所 大日本印刷株式会社
製本所 大日本印刷株式会社

[お問い合わせ]
https://www.kadokawa.co.jp/(「お問い合わせ」へお進みください)
※内容によっては、お答えできない場合があります。
※サポートは日本国内のみとさせていただきます。
※Japanese text only

定価はカバーに表示してあります。

ISBN 978-4-04-606556-8 C0095